商业计划书怎么写

从0开始一站式全指导

董坤尧/著

中华工商联合出版社

图书在版编目（CIP）数据

商业计划书怎么写：从0开始一站式全指导/董坤尧著．--北京：中华工商联合出版社，2024.4
ISBN 978-7-5158-3945-5

Ⅰ.①商⋯ Ⅱ.①董⋯ Ⅲ.①商业计划-文书-写作 Ⅳ.①F712.1

中国国家版本馆CIP数据核字（2024）第096406号

商业计划书怎么写：从0开始一站式全指导

作　　者：	董坤尧
出 品 人：	刘　刚
责任编辑：	于建廷　臧赞杰
装帧设计：	周　源
责任审读：	傅德华
责任印制：	陈德松
出版发行：	中华工商联合出版社有限责任公司
印　　刷：	北京毅峰迅捷印刷有限公司
版　　次：	2024年6月第1版
印　　次：	2024年6月第1次印刷
开　　本：	710mm×1000 mm　1/16
字　　数：	240千字
印　　张：	17
书　　号：	ISBN 978-7-5158-3945-5
定　　价：	58.00元

服务热线：010-58301130-0（前台）
销售热线：010-58301132（发行部）
　　　　　010-58302977（网络部）
　　　　　010-58302837（馆配部）
　　　　　010-58302813（团购部）
地址邮编：北京市西城区西环广场A座
　　　　　19-20层，100044
http://www.chgslcbs.cn
投稿热线：010-58302907（总编室）
投稿邮箱：1621239583@qq.com

工商联版图书
版权所有　盗版必究

凡本社图书出现印装质量问题，请与印务部联系。

联系电话：010-58302915

前言 / 商业计划开启价值人生

首先，欢迎你翻阅本书，从图书的目录中，相信你能看出来，你将进入一堂关于商业计划书的写作和实践课。

商业计划书写作是一项重要的技能，它是融人才、资源、资金于一体的重要技能，也是普通人通过低成本的方式获得融资的核心技能，更是让所创企业获得资产价值的核心方法论。

毋庸置疑，商业计划书最重要的功能在于，它是创业者打开资本"水池"的阀门，帮助创业者快速获得创业的启动资金。

很多创业者有非常好的创意，但是缺乏资金去实现。找亲友去借吗？可惜大多数情况是亲友只能提供精神支持，没有能力拿出真金白银提供物质支持。

这时候你该怎么办？我的答案是：写一份商业计划书，找陌生人拿钱。这个陌生人，就是我们或多或少有了解的天使投资人！找陌生人拿钱，听起来是不是有点玄幻？其实，从融资的角度讲，它并不玄幻。

你肯定会想，一个陌生人，为什么平白无故给你钱，支持你创业。这一切的玄机都在商业计划书里。

商业计划书又称BP（Business Plan的缩写），是一个能够描述和概括公司未来前景的基础写作文档。所有的企业都应该有自己的商业计划书，因为它既是你融资的敲门砖，更是你梳理创业项目、构建商业蓝图的一次头脑风暴。

我把商业计划书能回答的关键问题总结为如下三项：

如何让你的项目更赚钱，获得更多资源甚至增加你的资产？

在你的目标市场里，你怎样计划商业的增长？

你的项目在未来一年、三年甚至五年会有什么样的前景？

从这些问题我们可以看出，商业计划书是你对自己项目的深层次的理解和计划。

所以，每一个想创业的人都必须准备一份自己的商业计划书，因为它是把握和评价企业发展方向和目标的重要工具。

相信很多人都买过一些投资行业的人写的商业计划书，然而书中专业词汇一大堆，学完了，对于如何写商业计划书依然毫无头绪。这里的核心问题在于，很多投资行业的人虽然考察过不少项目，但是并没有商业计划书的写作实操经验，而且有些投资人会有严重的行业偏见。

商业世界的竞争是非常残酷的，投资人对数据敏感，更着重于对风险的规避。创业者不仅仅要直面创业风险，更需要不断地为创业项目补充真金白银，以获得更大的发展。商业计划书正是用一组组数据推演出一幅商业蓝图，让投资人身临其境地感受到你的商业点子发芽、生根和壮大的过程，让他们真正相信"你所相信的力量"。

相信大家一定很好奇本书的作者到底是谁，那么就由我来介绍一下自己：我叫董志鸿，字坤尧，本书内容的设计和开发都由我亲自完成，它也可以称为一门课。设计这门课的初衷是，希望帮助创业的小伙伴们规划和梳理自己的创业项目，帮助他们不仅仅拿到创业的启动资金，更能拿到发展壮大的资金。

这也是我注册"立业星球"这个品牌的初衷。立业成家，让普通人都能掌握商业思维的精髓，去发现问题，思考问题，解决问题，支撑起自己的家业。

我自创立"立业星球"后，服务企业融资总金额高达2.39亿元，涉及互联网、人工智能、新零售、制造业、旅游业等。

一切商业行为是有共通点和相似属性的，其中也有内在的规律可循。我在帮其他企业写商业计划书的过程中发现了这一点。在书中我总结了很多对我影响很深的商业思考，同时将我12年在不同行业领域工作和实践中得到的经验，总结后一并分享给你们。

我希望你们能够清空自己的大脑，抛弃那些固有的商业认知和理念，把这次的学习当成我们之间的一次头脑风暴。我也会把我看待商业的视角毫无保留地分享给你们，希望对你们有所启发。

写商业计划书和视频剪辑、写作、画画一样，是一项技能，大部分人通过刻意练习和深度思考，就能收获这项技能。拥有了这项技能后，你能完成任何项目的商业计划书。你还能通过对这份技能的熟练运用，提升个人的商业价值。

当然了，最主要的是希望你们能够融到资，获得项目的启动资金，打造出一个高资产价值的公司，最终创业成功，赚到人生的第N桶金。

自 序 / 从小生意到大买卖

我接触过的商业人士大致分为两类。

一类是老板，野心很大，今天抖音火，就要做抖音，明天元宇宙概念好，就要做元宇宙。

虽然，创业趋势是每一个创业者都应该去关注和重视的，但是，今天做这个，明天做那个，所以看他每天很忙碌，但最终的结果是，思想在"天上飞"，实际行动力却在"地上爬"。

还有一类是创业者，每天奔波在外，一天安排8个会议，大把的时间都花在谈各种项目上，他们的思维很灵活，见到一个人就能聊出一个新创意来，也希望通过每一个项目，自己都赚到钱，于是他们每天奔波于各种咖啡厅、办公室，把时间浪费在了很多原本自己就不熟悉的项目上，最终一无所获。

这里的关键问题是什么？在这些人的脑海里，并不能清晰看到自己到底想要什么，觉得所有的事情都是机会，但是这些机会往往和他毫无关系。

所以，我希望大家了解到，商业计划书有一个非常重要的作用，就是通过系统性规划，帮助你分辨出谁才是对你做这件事有帮助的人，是否可以通过合作从他身上获取你需要的资源。

解决了这个问题，相信你不会再浪费时间在无意义的人脉和八竿子打不着关系的项目上。这就是养成用商业计划书模式思考的一个好处：迅速识别人脉。

现实中很多创业者，在没有任何计划的情况下，就冲上去开干了，有些甚至投入了大量的资金，却没有思考过，这个项目我该怎么干，我有什么优势，如何利用自己的优势把这个项目做好，更没有思考过我没有优势该怎样建立自己的优势，别人为什么不这么干，这里面有没有我可以借鉴的地方。

没有接触过商业计划书的老板，基本上就是我上面提到的这种做项目的"精神"。商业计划书就是帮助我们拓宽商业思维的方法论，让我们做项目时打有准备的仗。

如果说掌握了商业计划书写作的思考要点，能让你打有准备的仗，那么建立系统的商业思考方法，还能够让你洞穿问题本质，教会你如何把小生意做成大买卖。

目 录

第一部分　融资与资本

第1课　融资和股权投资

企业融资　003

退出：股权套现　008

投资人的类型　010

第2课　认识资本

投资逻辑：一个中心、两个维度和三个标准　013

拆解风险控制模型，找到合适的投资机构　017

三种分散的具体区别　018

附加风控模型：项目筛选　022

投资决策的一般流程　024

第二部分　商业计划书写作实操

第3课
4W2H的写作应用实操

"4W2H"法则　029

第4课
产品介绍怎么写？

PPT封面：一句话介绍创业项目　037
PPT第1页：一句话介绍公司　040
作业1　045
产品类型和服务类型　045
4个要素——NFPV　048
作业2　051
平台类型产品描述　052
作业3　054
总结　054

第5课
商业痛点分析

真正的痛点　057
痛点与创新　058
用人、货、场概念挖掘痛点　060
分析痛点　064
作业　068
痛点分析案例　069
作业：附加题　071

第6课
市场规模怎么估算

关于赛道的选择 073

理解市场 074

四种市场类型 075

市场规模 077

市场规模有多大？让数据说话 079

作业1 084

数据的应用 085

估算市场规模 086

作业2 090

第7课
政策分析，顺势而为

四个大产业和九个小产业 092

作业1 094

政策信息解读与获取 094

作业2 096

解读政策，顺势而为 097

作业3 102

第8课
商业模式板块应该怎么写？

首要问题——商业的核心主框架 105

什么是商业模式？ 107

作业1 109

商业模式的经典类型 109

商业模式创新的本质 111

作业2 114

商业模式创新的手段　114

商业模式表达　116

作业3　123

第9课 产品策略

产品策略到底是什么　125

描述产品　128

实物产品描述　129

虚拟产品描述　136

产品效果图　139

作业　141

第10课 盈利模式——六种收入模式

六种收入类型　144

盈利模式的本质　149

作业1　151

作业2　154

第11课 产业布局

产业布局，构建商业蓝图　157

产业布局的层次　162

产业布局的表达方式　164

总结　169

作业　169

第12课
发展规划——设定战略目标

发展规划　172

拆分目标　174

总结　177

作业　177

第13课
团队介绍

创始人和创始团队　180

内部团队架构　181

错误的团队描述　183

外部团队　183

团队介绍到底怎么写　187

作业　188

第14课
为什么只有你能做？

什么是优势资源　191

如何描述优势资源？　194

优势资源写作总结　196

作业　197

技术壁垒　197

第15课
竞争优势

增量市场，存量市场　202

竞品分析　203

谁是你的竞争对手　204

可怕的对手——潜在竞争对手　205

寻找竞争对手的信息　206

竞品分析　207

找到竞争优势　208

作业1　211

作业2　211

总结　213

第16课
需要多少钱：融资金额和公司估值

关于"对赌"需要事先思考的问题　215

到底融多少钱——发展成本和股权定价　216

不同轮次股权稀释的比例　218

公司估值的计算方法　219

财务预测——算算到底要融多少钱　222

作业　225

总结　225

第17课
商业计划书演变规则

商业计划书的基础框架　228

不同版本BP的框架设置　230

BP写作注意事项　232

两个版本的BP　233

作业　235

总结　235

第18课
写出让人过目不忘的BP

抓住投资人的眼球 237

分析核心观众,精准表达主题 240

展示场景 243

PPT设计的8个核心要素 244

作业 250

总结 250

后 记 **关于商业道德** 251

第一部分
融资与资本

01

第1课

融资和股权投资

▼

欢迎来到本课时学习，开宗明义，我们首先了解一下资本市场是怎样运作的，比较各种融资模式的利弊，侧重讲解股权融资如何运作、投资人的类型及投资风格。

企业融资

企业融资,是不是只有一种方法?其实不是的,创业者不要单纯地以为,除了找投资人就没别的路可以走。

其实企业融资总体上可以分为2种,一种是债务性融资,一种是权益性融资。

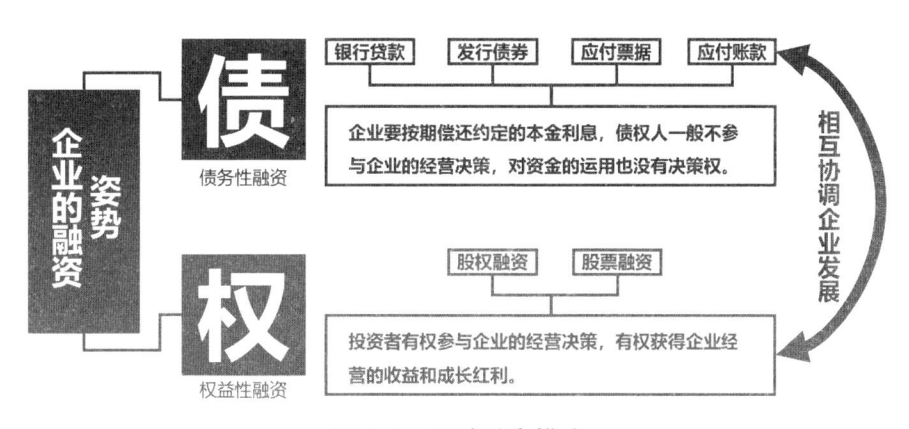

图1-1 两种融资模式

债务性融资

债务性融资,是企业通过银行贷款、发行债券、应付票据、应付账款等方式来进行融资。

债务性融资有利也有弊,先说说缺点吧,企业需要按期偿还本金和利息，欠债还钱，天经地义。一般情况下，企业的债务性融资利息率相对比较低，尤其是国家对一些中小企业有扶持政策，融资的利率真的非常合适，年化利率可以接近3%，甚至更低。对于退役军人创业的贷款资金的利率也是非常低的，这也算是国家提供的福利。

债务性融资的优点就是，债权人，也就是放款机构，一般不参与企业的经营决策，也就是说你这个钱要怎么花，放款机构不管，他对资金的运用是没有决策权的。

权益性融资

第二种融资方式就是权益性融资，我们把它分为两种，分别是股权融资和股票融资。

股权融资就是对企业所有权进行分割，转化为股份，投资人出钱购买企业的股份。

股票融资，是指等企业上市之后，拿出一部分股份，比如20%投放到市场中，也就是股票市场，让大众股民来参与投资，这就是我们所说的炒股。股票融资对企业的要求会比较高。

权益性融资也是有利有弊的。缺点在于，投资者是有权参与企业的经营决策的，也有权获得企业经营的收益和成长红利。创业者为了保证自己拥有执行权，会用一些方法去规避投资人对企业的权利控制，比如说在投资的时候签订《一致行动人协议》。

权益性融资的优点，简单来说，就是投资人不会向企业索取本金和利息作为投资回报。换句话说，投资者的钱是用来获得企业股权的增值收益的。

这两种融资方式在大多数时候可以是并存的，协调运用下能更好地保证企业的健康发展。不是说你一定要二选一，你可以都选。

股权投资

企业股权融资对应的是投资机构的股权投资。现在我们把视角切回投资机构角度，看看投资机构是如何进行股权投资的。

股权投资相对于股票投资而言，是一级市场，就是我们常在商业新闻上看到的，谁谁谁获得了天使轮投资，投资方给企业投了多少钱。一级市场，就是第一层级的交易市场。

创业者从有一个创意开始，像对待一颗种子一样，通过一步步给它浇水施肥，让它发育成果树，然后再长出果实。在这个过程中，如果没有水了，没有肥料了，怎么办呢？此时快捷的融资方式就是找投资机构注入资金。

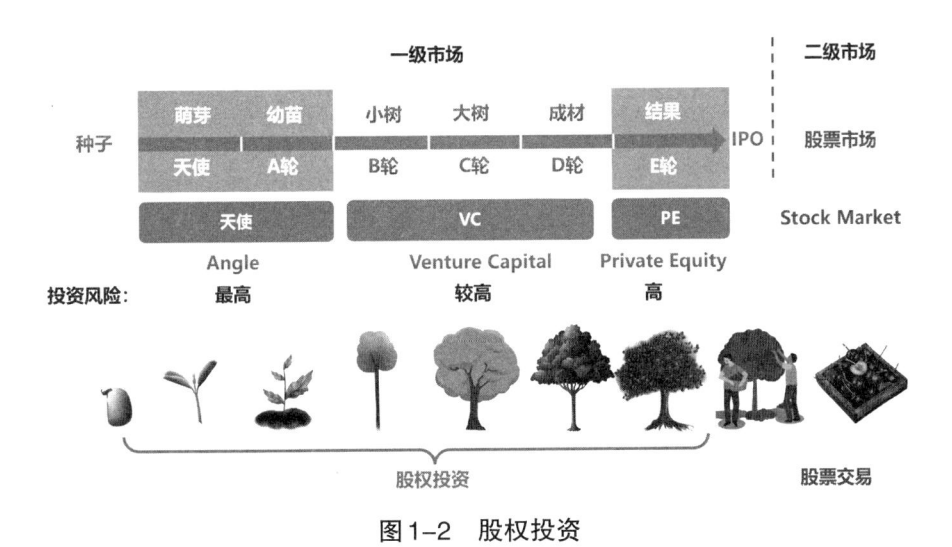

图 1-2　股权投资

整体上股权投资的轮次分为了四个阶段：天使阶段；VC阶段；PE阶段；IPO阶段。

这些投资阶段都是有风险的，从投资风险上来看，哪个阶段的风险最高呢？天使阶段的投资风险无疑最高。为什么呢？因为创业初始阶段可能会碰到很多不可控的因素。

比如，虽然创始人的创意非常好，但是当实际去操作的时候，可能会发现：哎，我这个项目客户没找对，或者创始人以为的客户实际上不会为产品买单。就是说在这个阶段项目还在摸索状态、实验状态，所以创业失败的概率会很高，对于投资机构而言，风险也相对最高。

风险较高的是VC阶段。这个时候项目已经落实一段时间了，发现它可以赚到钱，客户也都会买单，需要做的就是扩大企业规模，获得更多的利润。

例如，要在全国范围内开100家店，就算我们按每家店30万元的投入计算，也需要3000万元的投资。所以，这个时候需要投资机构的介入。有些机构只投资VC阶段的项目，这一阶段项目已经运转出了成熟的模式，投资机构能清晰地看到市场前景。相对于天使阶段的项目，VC阶段的风险就会低一些。

再到PE阶段，项目落地得差不多了，也赚到钱了，企业已经要开始筹备上市了，这个阶段的风险就没那么高了。唯一的风险可能就是上市申请没通过。

所以，我们能看出，随着企业融资轮次的增加，系统性风险会开始递减。

可能有些人会好奇：在这个过程中那些投资人怎么赚钱呢？他们如

何通过投资企业获得利润呢？我们拿阿里巴巴来举例子。

1999年的时候，阿里巴巴获得A轮融资，当时的估值是千万美元；时隔1年，到2000年B轮融资的时候，它的估值就达到了上亿美元，少说翻了10倍。

再往后看，2004年，D轮融资的时候，阿里巴巴的估值又翻了20多倍。

如果你1999年的时候，投资了1块钱，第二年，变成了10块，是不是比存银行的利率高？到第6年的时候，变成了200多块，到上市前的时候，阿里巴巴估值千亿美元，你的200块又变成了2万块。

15年的时间，1块钱变成2万块，如果以银行利率做参照对比的话，简直就是暴利了。

这就是投资机构赚取利润的模式。

再举个例子，龚虹嘉，他是一个非常成功的投资人，他最成功的投资案例就是投资了一家企业，叫海康威视。

海康威视主要是做监控产品的，通俗说就是摄像头。不管是马路上的摄像头，还是对安全要求比较高的住宅、公共设施需要的摄像头，它的摄像头都卖得很好。

2001年的时候，龚虹嘉投资海康威视245万元，当时占了49%的股份，22年后，他持有的股份的市值加上套现、分红所得，累计达到了数百亿元。

简单计算一下我们就能知道，龚虹嘉的投资回报达到了上万倍，难怪有的人称他为"中国最优秀的天使投资人"。

绝大多数创业者，在成立公司之初，因为创业维艰，都忽略了一个创意能够变得值钱的底层逻辑——股权价值。大家可以想象一下,当你把公司看作一个资产,随着它的发展和壮大,带来的股权价值增长本身足以让你实现财富自由。

那么,让创意值钱的方法和变成现金的方法有哪些呢?这里不得不提到两个关键词——股权套现和退出。

退出:股权套现

没错,股权是可以变成现金的,投资方买入了公司股权,最终目的也是将股权变为现金,也就是我们常常能听到的"股权套现和退出"。

我们接下来要学习的,是股权投资的5种主要套现方式。

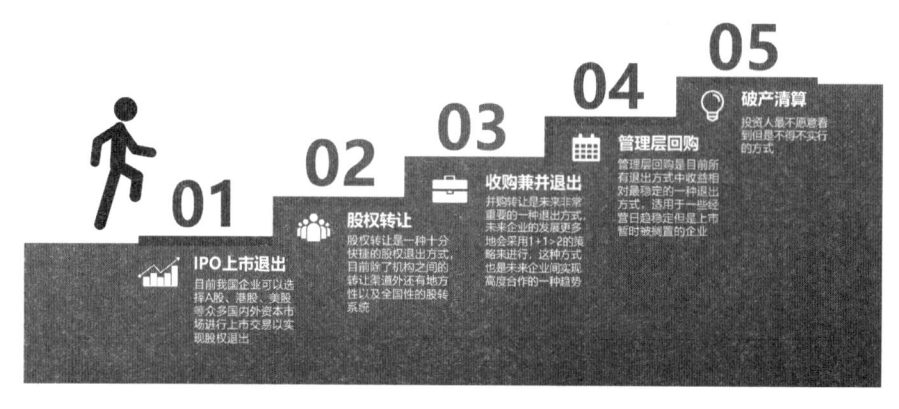

图1-3 股权套现五种模式

第一种就是企业IPO上市退出。就是投资人在企业上市的时候退出了,手里的股权折现。这也是很多投资机构天天盼着你上市的原因。目前,我国的企业可以选择上交所、深交所、北交所、港交所、纳斯达克等股票交易市场上市交易,实现股权的退出。这是所有投资人都期望看到的结果。

第二种就是股权转让。它是一种十分快捷的股权退出方式，怎么理解呢，打个比方，我投资的这家企业很值钱，我占了10%的股份，投资100万元，持有的这一年这个企业的估值已经涨了1倍，现在我这10%的股份价值200万元，我转让给你，你给我180万元，可以不？我的资金有点不够，所以我想亏20万元直接转让给你。目前，除了机构与机构之间的转让渠道，还有地方性和全国性的股权转让系统，都是可以实现股权转让操作的。

第三种，就是收购兼并退出。这是未来非常重要的一种退出方式。企业会收购一些具有核心技术和核心资产的企业，为自己的企业谋求更长久的发展，达到1+1＞2的效果。比如字节跳动收购VR企业Pico，这家企业的股权持有者就可以把股权按照估值的价格，卖给字节跳动。这时候创始人的股权就变现了。我有一个客户就是通过这种方式实现了财富自由。

第四种方式，管理层回购。咱们可以从字面上去理解管理层回购，就是我是这家企业的管理层，我是创始人，之前投资人买走了一部分股权，现在我赚钱了，想买回来，于是我就和投资人商量：把股权卖给我吧。当然投资人也不傻，这个过程股权会产生溢价，他100万元投的你，不能第二年再100万元让你买回去，不然他图什么。管理层回购是目前所有退出方式中收益相对最稳定的一种退出方式，适用于一些经营日趋稳定但是上市暂时被搁置的企业。比如说你的企业计划在A股上市，但是财务收入不满足上市条件，投资人想退出，你手头正好有现金，你可以来购回他买走的那部分股权。

第五种方式，破产清算。这是投资人最不希望看到的，但是不得不实行的方式。企业要破产了，投资人的钱我也给不出，那最后就只能走破产清算，按实际清算的钱还给投资人。

投资人的类型

好了，了解了股权套现的方式，接下来我们说说投资人。

我们把投资人分为3种：职业投资人、专业投资人以及合格投资者。同样是投资人，这三者什么区别呢？

职业投资人 VS 专业投资人 VS 合格投资者

	净资产	年收入	投资经验	专业经验	专业资格
专业投资人	金融资产不低于500万元	近3年个人年收入不低于50万元	2年以上证券、基金、期货、黄金、外汇投资经验	2年以上金融产品设计、投资、风险管理工作经验	从事金融相关业务的从业资格证
专业投资机构	近1年年末资产不低于2000万元，近1年金融资产不低于1000万元		2年以上证券、基金、期货、黄金、外汇投资经验		私募股权基金管理牌照
合格投资人	金融资产不低于300万元	近3年个人年收入不低于50万元			
合格投资机构	净资产不低于1000万元				

风险管理 Risk MGT
资金规模 Capital Scale
投后管理 PI MGT

职业投资人 ≠ 专业投资人

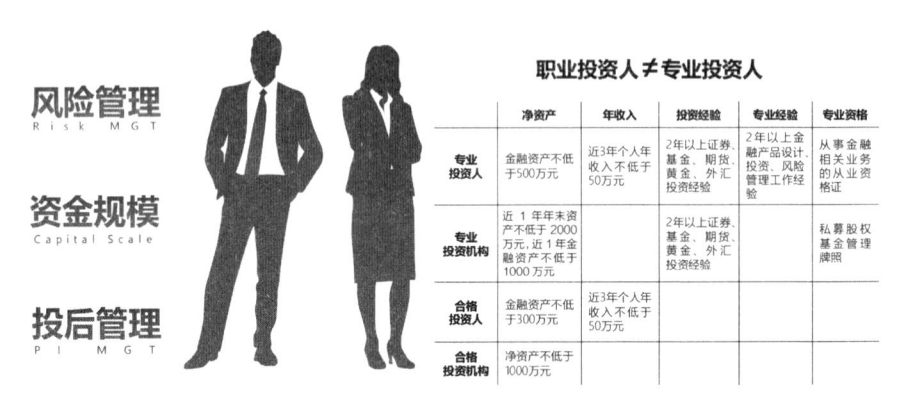

图1-4 投资人的类型

职业投资人不等于专业投资人。职业投资人不依附于某一个组织，他的资金来源是自己的钱，并且自己承担投资风险。

专业投资人是具备投资相关的知识和技能，以投资为工作的人，他服从于投资机构组织，也就是以投资为工作内容的打工者。

第1课 融资和股权投资

专业投资人的资金是通过私下募集，和投资机构一起承担投资风险。他们所在的机构负责募集资金、投资项目、管理项目和钱，退出套现。

专业投资人如果资金规模比较大，我们也叫他们为GP（一般合伙人），你可能就会很好奇：他们的钱从哪里来？他们的钱是通过合法合规的方式向LP私下募集而来。

LP其实就是合格的投资者。这种专业机构的投资募集资金，是受到证监会监管的。同时，需要获得私募股权基金管理牌照才能正常营运。

在这里要说明的是，我们在抖音上看到的号称"投资人"的博主，其实绝大多数只是一个合格的投资者，而并不是真正意义上筛选项目的人，更少有职业投资人。所以，你不要浪费自己的时间和精力，把项目发给他们。

好了，本课时到这里就结束了，咱们下节课再见。

第2课

认识资本

▼

　　欢迎来到本课时学习，本课时将带领你了解投资机构。

　　正所谓知己知彼百战百胜，这节课将重点讲解：投资机构如何筛选项目；什么样的项目更容易被资本看中；投资机构是如何判断一个项目的价值的，以及创始人如何得到投资机构的青睐。

投资逻辑：一个中心、两个维度和三个标准

上节课我们讲解了职业投资人、专业投资机构以及合格投资者的区别，你们一定很感兴趣，专业投资机构的投资逻辑是什么样的，他们更看好什么类型的项目，下面我详细讲讲这个知识点。

很多人可能或多或少听过这样一句话：资本买下整条赛道。没错，以前的资本的投资逻辑非常简单粗暴，就是买下整条赛道。

例如，资本如果看好医疗赛道，那么会参与投资赛道里的每家医疗机构，最后总能培养出一家上市公司，这就是我们所说的买下整条赛道。

为了有效预防和制止垄断行为，保护市场公平竞争，鼓励创新，提高经济运行效率，维护消费者利益和社会公共利益，促进社会主义市场经济健康发展，我国制定了《中华人民共和国反垄断法》，从2008年8月1日起施行。

反垄断法颁布实施后，资本的投资逻辑就发生了转变，由原来的买下整条赛道，变为了百花齐放，百家争鸣，有效促进了市场公平竞争。

那么，专业的投资机构会持有什么样的投资逻辑呢？

我们可以把专业投资机构的投资逻辑总结为：一个中心、两个维度和三个标准，如图2-1所示：

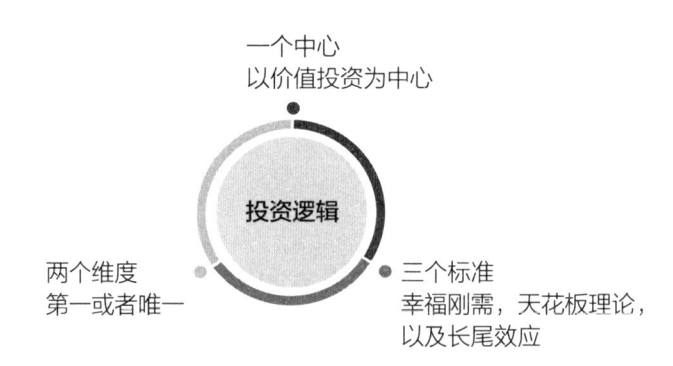

图2-1 投资人的投资逻辑

一定要注意，你的创业项目千万不要背离专业投资人的投资逻辑。

一个中心

我们先来学习第一个投资逻辑：一个中心。

一个中心是指以价值投资为中心。什么是价值投资呢？就是指我们的商业模式要具有商业价值和社会价值。投资机构会根据以下两个标准判断是否具有投资价值：

第一个，是否顺应人类社会的发展趋势，也就是说我们不能逆社会发展趋势而为。举个例子，我们已经进入了互联网时代，就要顺应互联网时代的发展，而不能掉头，走向石器时代。所以这里我们就要考量，自己的商业模式是否具备先进的生产力。

第二个，是否能为社会创造价值。也就是说我们的项目一定是要为社会创造更多的价值的，我们的商业不能背离全社会的价值导向，同时我们还要对社会有价值和意义。总而言之，我们的商业需要实现的是人们老有所依、幼有所托、民有所事、环境友好的美好生活。

两个维度

两个维度，简单讲就是TOP1或Only 1，就是指第一或者唯一，具体讲就是说企业要么处在行业的领先地位，要么就是企业在整个行业是唯一的。

其中考量企业是否行业第一的，是市场份额、盈利能力等关键性的数据指标。

考量企业是否行业唯一的，是企业是否具有技术壁垒，或者牌照等稀缺性资源。我们会在后面的章节中详细介绍，企业如何提升自己的技术壁垒。

说到唯一，这里要普及一个概念，就是互联网的"721"法则。在互联网时代的发展过程中，出现了一个较为普遍的现象：在各个领域的细分市场里，往往是有一个超级公司占据了70%的市场份额，排在第二名的只能分到20%的市场份额，剩余的10%由多家小公司分食，形成了赢家通吃的局面。

这种现象正在逐渐被《反垄断法》所攻破，但是完全打破"721"法则依然需要很长的时间。因此，如果你的公司能做到第一或者唯一，那基本上资本对你是很看好的。

三个标准

三个标准中，第一个标准指的是幸福刚需，判断的方法就是你的项目是否满足最广泛真实的需求。这里面的关键词是"最广泛"和"真实"。

广泛是指你的客户需求规模够大；真实，就是不能弄虚作假，伪造客户需求。例如，商场里逛街的大多数人，到底需要不需要你研发的牙缝刷？所有穿袜子的人都会买五指袜吗？

商业项目需要具备的广泛和真实的需求，这也是你判断项目是否能经得起市场考验的重要标准。

第二个标准，是天花板理论，判断的方法就是看你的项目是否具有足够高的行业天花板，换句话说就是一般的竞争企业能不能超越你。

以做自热锅为例，食客通过在航空材料的包装盒中注入自来水，就可以加热食品，从而方便地在3分钟内吃到一顿热乎乎的饭菜。

假设你是市面上唯一持有这套自热配方的厂家，竞争者都必须购买你的技术专利，才能生产同类产品，那你比他们的天花板就要高很多。

这也是为什么很多大型企业为了维持自己的竞争地位，通过收购有核心技术的公司不断完善天花板高度。

第三个标准，长尾效应，判断方法就是看你的项目是否具有持续创造价值的能力。例如，有的企业不想拍宣传视频但是又想推广产品，于是开始私自盗用别人的素材，通过非正当手段获得的资源来推广自己的产品。这种行为一旦被平台发现了，或者被创作者举报了，他也就丧失了创造价值的能力，更无法实现长尾效应。

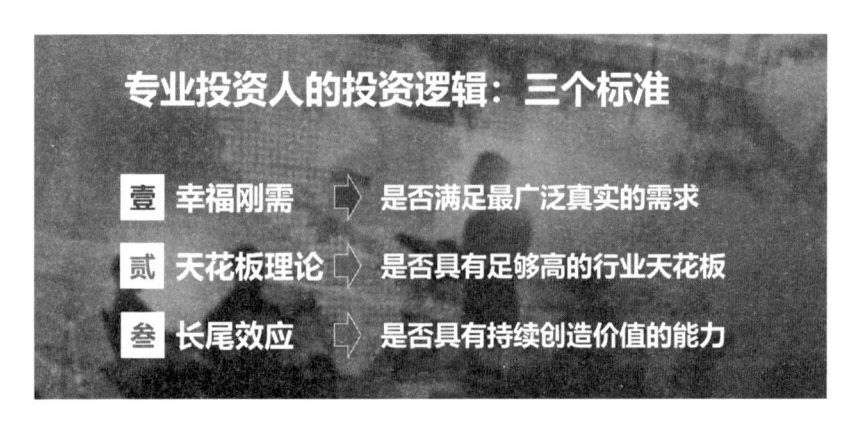

图2-2 投资的三个标准

拆解风险控制模型，找到合适的投资机构

可能大家会好奇，投资机构每年要花那么多钱，为什么对项目的筛选如此严格，他们筛选的标准到底是什么？都说投资是有风险的，为什么投资机构不愿冒风险来投资我的企业？这里就不得不提到投资机构为了降低投资风险，使用的一系列风险控制模型。

接下来我们来拆解一下专业投资机构的风险控制模型，理解了他们的风险控制方法论，你就能很容易判断，你应该找什么样的投资机构，什么样的投资机构会更欢迎你所从事的创业项目。

我相信大家都听过这句话："鸡蛋不能放在同一个篮子里"，为什么呢？因为鸡蛋易碎，所以把鸡蛋放在同一个篮子里，万一失手，篮子里的鸡蛋就有可能全部打碎，风险太高了，把鸡蛋分散在不同的篮子里，会很大程度降低鸡蛋被全部打碎的风险。

在理财规划中，这是一个非常常见的风险控制理论。如果我有100万元，我把它分别放在不同的"篮子"里：一部分放在银行，一部分投入基金，一部分投入股票，这样我全部都亏损的风险就比较小。

同样，在专业投资机构的风险控制模型里，也崇尚不把鸡蛋放在一个篮子里。这样，他们在投资失败的时候，不会赔得精光，也能保护其他合格投资者的利益。

投资机构是如何分配"鸡蛋"的呢？他们的风险控制主要从以下三个维度来操作：

第一，项目分散。

单个基金一般需要投资15~20个项目，这样能保证到最后至少有1~2个

项目能成功上市，从而获得超额收益。项目分散能保证投资成功的机会增加。

例如，前面我们讲到的LP（有钱人），原本只有100万元的资金，可能不够投资一家公司，但是通过投资机构的基金，也可以参与到15~20个项目的投资当中。相当于投资机构在帮他管理着100万元的"鸡蛋"。

第二，行业分散。

也就是说这支基金投资的项目会分布在多个细分行业，比如电影行业、医疗行业、教育行业等，只有这样，他们的投资才不会因为某个行业出现不可抗拒的因素而全盘皆输。

比如，投资机构把所有的资金都投入了电影行业，结果受疫情的影响，电影院票房惨淡，甚至最严重的时候无法开门营业，投资电影行业可谓损失惨重。可是，如果投资机构同时还投资了医疗行业，疫情下医疗行业受影响较小，个别细分医疗领域还获得了更好的发展，相对而言，投资医疗板块就能够弥补投资电影行业的损失。这就是从行业分散上，投资机构做了一次风险的对冲。

第三，阶段分散。

不管是天使阶段、VC阶段，还是PE阶段，每个阶段的投资风险是不同的，天使阶段风险最高，VC阶段风险较高，PE阶段就比前面两个阶段的风险低了些。投资机构通过投资不同阶段的项目，达到分散风险的目的。在这里我们称为阶段分散。

三种分散的具体区别

接下来我们具体看看，这三种分散有什么具体区别。

首先我们来看项目分散是一种什么样的分散。

图2-3记录的是某支基金投资的12家企业，从名称上我们可以清晰地看到它们都是不同的公司主体。12家企业有做环保包材的，有做虚拟现实的，也有做大数据的，还有做机器人的，有服务C端客户的，也有为企业提供服务的。每一个都属于不同的价值领域。

风控模型：项目分散
Risk Management

灰度环保	迈吉客	睿至大数据	泰坦云	达闼科技	慧联无限
国内首家环保循环包材研发的科技企业	虚拟现实科技领域佼佼者	私有云服务及大数据运营服务	第一旅游云技术平台	首家云端智能机器人运营平台	广域低功耗物联网解决方案引导者

悟空租车	睿沿科技	赛思电子	新泽科技	睿沃科技	智云健康
全国最大的出行科技服务平台	人工智能视频识别服务商	全球首家同步时钟整体解决方案供应商	全球最大的自然语言处理技术服务商	酒店智能前台机器人服务商	慢病管理数字健康企业

图2-3　项目分散

我们再来理解一下行业分散。

上面12家企业，我们按行业区分，有属于人工智能行业的，有属于企业服务行业的，有属于金融科技行业的，还有健康医疗行业的。我们可以看到，投资机构会根据不同的行业选择去分散投资风险。

下面这张柱状图（图2-4），就是某家知名投资机构投资的行业分布情况。其中，人工智能行业占16%，企业服务行业占16%，大数据行业占12%，文化行业占11%，TMT行业占9%，金融科技行业占8%，高端制造行业占7%，健康医疗行业占7%，新材料行业占4%，其他行业占10%。

图 2-4 行业分散

在这里解释一下，TMT就是以互联网等媒体为基础，将高科技公司和电信业等行业链接起来的新兴产业。

投资机构的资金虽然分配在各个行业，不是等比例的，但是根据他们的投资比例，我们能大概地判断出他们的资金主要投入哪些行业，以及预算是多少。

当然了，他们的投资比例也和当下环境中创业项目的稀缺程度、优质程度有密切的关系。

下面我们来详细说说风控模型中的阶段分散。

我们来看图2-5，在这张饼图中，我们对一家投资机构所投项目的融资轮次做了分割，可以看到从种子轮到Pre IPO这些细分阶段，基本上都有投资项目，其中数量最多的是天使轮，占比高达28%，其次是A轮、B轮、A+轮。

A+轮就是在A轮和B轮之间的融资轮次。同样的，B+轮就是B轮融资和C轮融资之间的融资轮次。

风控模型：阶段分散
Risk Management

融资阶段
不同的融资阶段也能反映风险的高低，通过参与不同阶段的融资，也在一定程度上控制和分散风险

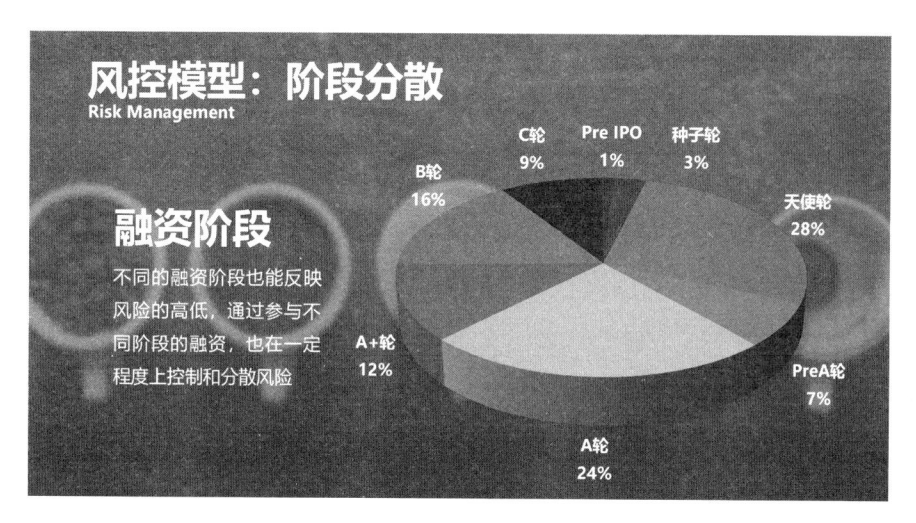

- C轮 9%
- Pre IPO 1%
- 种子轮 3%
- B轮 16%
- 天使轮 28%
- A+轮 12%
- PreA轮 7%
- A轮 24%

图2-5　阶段分散

这里我们可以看出这家投资机构的投资偏好。细心的小伙伴可能已经发现，投资中种子轮占3%，天使轮占28%，Pre A轮占7%，A轮占24%，总计62%的资金都投在了天使阶段的项目。这就可以说明，这家投资机构主要投资的项目，就是天使阶段的项目了。

虽然它主要投资天使阶段的项目，但大家也能看到，其实VC阶段的项目甚至PE阶段的项目也会涉足。

这是为什么呢？这就是因为我们前面讲的阶段分散风险的概念。不同的融资阶段风险高低不同，通过参与不同阶段的融资，也在一定程度上控制和分散了风险。

投资机构不但要把资金投入不同的项目、不同的行业上，还要考虑各个项目所处的阶段，通过合理分配来分散风险。

理解了这三种风控方式，当和一些投资机构的工作人员沟通的时候，你是不是已经知道该问他们什么样的问题了呢？

比如，当我和他们电话沟通的时候，我首先不会强推自己的项目，而是会先问清楚他们最近在看哪些行业的项目。如果他们回答在看农业相关的项目，这个时候，我会再接着问：那融资轮次上呢，有没有特别关注的轮次？

通过这样的沟通，我就能清晰有效地了解投资机构的详细情况，让投资机构感受到我的专业。

附加风控模型：项目筛选

有的读者看到这里会想：知道了这些我就可以直接和投资机构的合伙人去谈项目了。

先不要着急，我们来看看投资机构的附加风控模型：项目筛选。

在讲这个问题之前，你们先猜一猜，一家投资机构一年能收到多少份商业计划书？

根据我的调查，一家知名的投资机构一年能收到约2万份商业计划书。真正能接触的项目，也就是合格的商业计划书，只有6500多份，筛掉了67.5%的项目。

所以，你现在知道一份合格的商业计划书有多重要了吗，仅仅通过一份商业计划书，你就可以打败67.5%的创业项目。

当这6500多份项目计划书被选中之后，我们来看看投资机构接下来的操作。

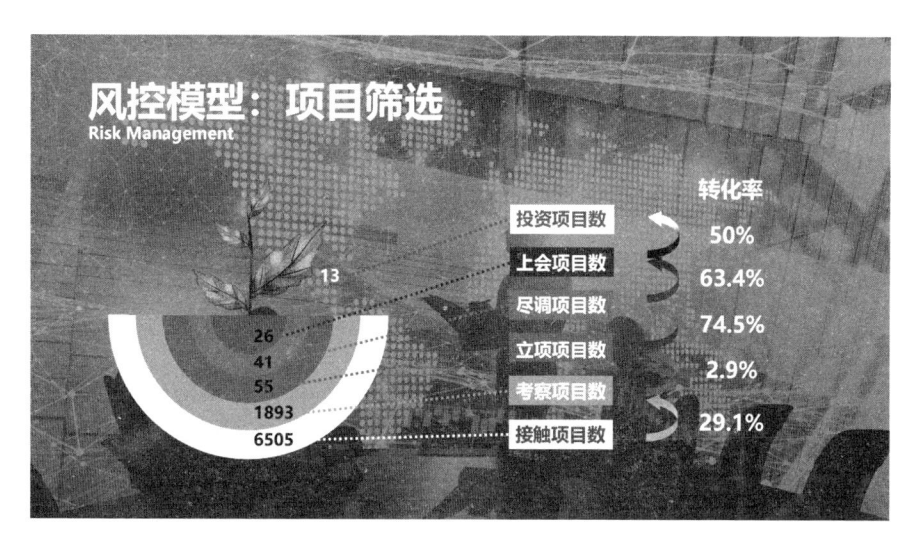

风控模型：项目筛选
Risk Management

	转化率
投资项目数 13	50%
上会项目数 26	63.4%
尽调项目数 41	74.5%
立项项目数 55	2.9%
考察项目数 1893	29.1%
接触项目数 6505	

图2-6 项目筛选

首先，投资机构会给你回个电话，了解一些详细的情况，这个电话的重要性毋庸置疑，必须是项目创始人接听。

机构会在初步的沟通中再做一次筛选，这个时候，会再次筛掉70.9%的项目，剩下1800多个待考察项目。

考察完之后呢，再筛除97.1%的项目，剩下55个待立项项目。

经过尽职调研，会保留74.5%的项目，等待上会，也就是投资决策会。投资决策会至关重要，这是最终做决定的时候，又会筛掉50%的项目，确定最终的投资项目。最后只有13个项目能真正拿到投资机构的钱。

这种严格的筛选机制能保障LP（有限合伙人）的权益。这里面我们可以思考一个问题：你直接找投资机构的大老板，有用吗？大部分情况下是没用的。是不是好的项目，不是他一个人决定的。当然，如果这个大老板对投资机构有很强的影响力，有能力拍板决策，你又能和大老板直接联系上，你的项目当然就更容易得到投资。真正融到钱的企业一定是有过人之处的。

以上基本就是投资机构的主要风险控制手段了。接下来我们看看投资决策的一般流程。

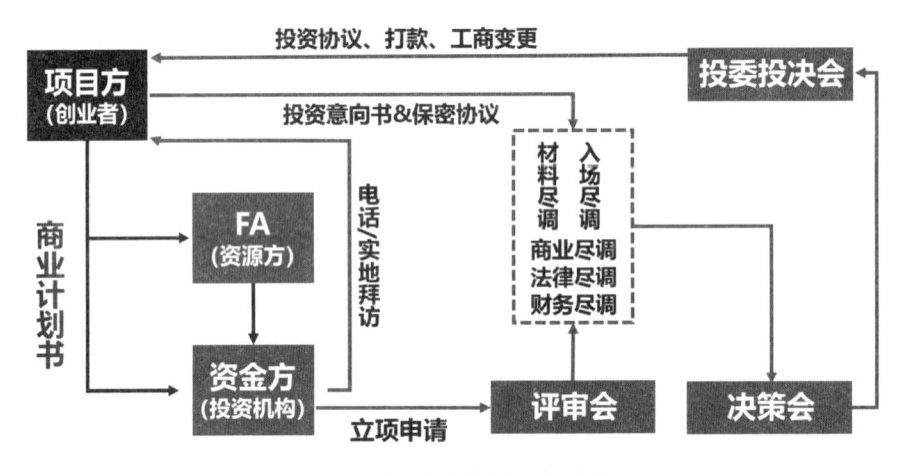

投资决策的一般流程

图2-7是投资机构的一般决策流程，从图中看投资流程还是比较烦琐的。

图2-7 投资决策的一般流程

下面给大家详解拆解一下投资决策的一般流程。首先，项目方也就是创业者，将商业计划书投递到投资机构公布的邮箱里。有的创业者将商业计划书发给像我这样的资源方FA，由FA投递给资金方，也就是投资机构。

发给FA的好处是，FA会站在资金方的角度，帮创业者做筛选，找到与项目匹配的资金方。

当创业者的项目通过初步筛选后，资金方会通过电话或者实地拜访的形式，向项目方进一步了解情况，进行项目考察。

通过考察后，会进入立项阶段，资金方会与创业者签订投资意向协议以及保密协议。

这里要注意的是，如果资金方没有表示要签署保密协议，就想从创业者这里获取资料，创业者一定要主动要求签订保密协议。

签订保密协议后开始材料尽调，尽调的意思就是尽职调研，资金方会要求项目方提供相应的证据，论证项目的真实情况。

尽职调研包含了商业尽调、法律尽调以及财务尽调。现在还有一些投资机构为了省事，尽职调研的部分会委托第三方机构来完成，由第三方机构对企业进行经营能力及股权价值分析。

这类第三方机构统称为项目数据分析师事务所，需要在工信部备案登记，资信要求AAA甲级资质，具备两名或两名以上项目数据分析师（CPDA）资质从业人员。

资金方拿到分析报告后会进行决策会，通过决策会将有潜力的企业留下来。项目进入最终的投委投决会后，资金方会和项目方签订投资协议，完成打款，同时，项目方也要做好工商变更。

关于资本的所有内容到这里就全部结束了，从下一章起，我们就正式进入商业计划书的写作学习阶段了。

好了，本课时到这里就结束了，咱们下节课再见。

第二部分 商业计划书写作实操

第3课

4W2H的写作应用实操

▼

欢迎来到本课时学习，从这节课开始，我们将正式进入商业计划书的写作训练的内容。这节课内容尤为重要，它提纲挈领地讲解了如何构建商业计划书的核心内容。

在学习本节课程的内容之前，我希望大家带着这两个问题阅读本章：

什么是4W2H法则？

如何构建商业计划书的框架？

"4W2H"法则

商业计划书的写作是有一个严格的框架逻辑的,这就是4W2H法则,4W2H法则能够用更缜密的逻辑帮创业者梳理自己的创业项目。

记住,4W2H法则是商业计划书的基本大框架,每个大的框架之下都有细分小框架,我把它总结为6个框架,18个基本面,往后的章节中我会为大家详细介绍每个基本面要阐述哪些具体内容。

好了,接下来我们来认识一下"4W2H"法则,以及在这个法则下,我们都能学习到什么内容。

4W2H分别代表以下六个要素:

What	你打算做什么?
Why Now	为什么现在才做?
How	你打算怎么做?
Who	谁来做?
Why You	为什么只有你能做?
How Much	需要多少钱?

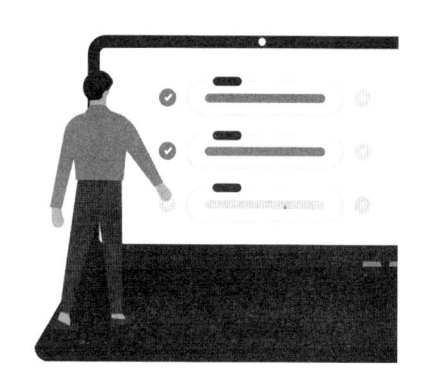

图 3-1 4W2H 的含义

大家是不是认为这6个要素用一句话概括都挺简单的?实际上,这里面有很大的学问。

4W2H分别代表以下6个框架，18个基本面：

1.What we do——你打算做什么？定义并解释你的产品和业务。

1）封面：一句话介绍解决方案/项目；

2）一句话介绍公司；

3）产品概况。

2.Why now——为什么现在才做？

4）市场规模（用数据思考未来发展）；

5）行业痛点（用痛点发现商机，为产品做铺垫）；

6）政策导向（用政策阐明趋势和方向的正确性）。

3.How we do——你打算怎样做？定义你的解决方案包含哪些层面的方法。

7）产品介绍；

8）商业模式；

9）盈利模式；

10）产业布局；

11）发展规划。

4.Who to do——由谁来做？描述你的创业团队及其优势。

12）创始人介绍；

13）核心团队介绍；

14）顾问团队介绍。

5.Why you do——为什么只有你能做？定义你的核心优势和天花板高度。

15）核心优势/技术壁垒。

6.How much——需要多少钱？定义你的财务逻辑和花、赚钱的能力。

16）财务预测；

17）融资规划；

18）资金用途。

这6个要素里包含了一个创业者必须掌握的18个关于项目和创意的基本面思考。这些思考本质上都是在考验你对于问题的定义与理解，并且能够提高你对完整解决方案的深度思考能力。

我们来具体看看这些问题的实际意义和需要从哪些角度去回答这6个问题。

What——你打算做什么？

第一个问题：你打算做什么？

我们要用怎样的方式回答呢？你说：我就打算开个饭店，或者我要做一个电商购物平台。可以吗？不可以，如果你这样回答，那基本上反映出你完全没有想明白到底要做什么。饭店那么多，电商平台那么多，你的回答能吸引投资机构继续读下去吗？一定是不能的。

实际上，当我们在商业计划书上体现这个问题的时候，我们应该陈述的是一种解决方案——一个抓人眼球的解决方案，一个标新立异的解决方案。你要用一个简介概括总结你的解决方案。这里面包含很多的内容，比如你的产品、公司、用户分别是什么样的。

可以围绕以下三点回答这个问题：

你打算做什么？
What

你从事的是什么行业？
你提供什么样的产品和服务？
用户人群是谁？有什么特征？
用户能从你的产品或服务中
获得什么样的价值？

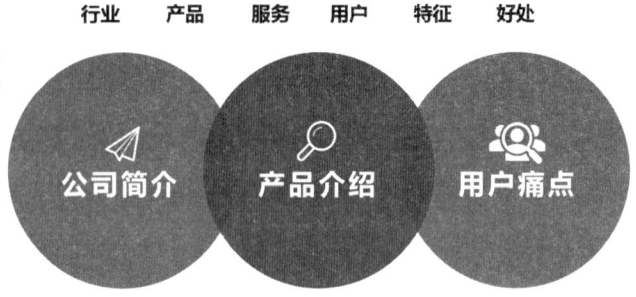

行业　产品　服务　用户　特征　好处

公司简介　产品介绍　用户痛点

图 3-2　回答"what"问题的三个要点

Why now——为什么现在做？

第二个问题：为什么现在做？

实际上我们是要回答：市场上是否有需求；是否有足够的客户；能否形成一定的市场规模，以及国家是不是支持这类项目，或者国家有没有对这个行业有方向性的指导说明。

那么，这个板块的内容需要我们对市场调研数据进行整理和翻译。这个翻译不是不同语言之间转换的那种翻译，而是对数据进行逻辑推理、查找与分析政策文件，以及对商业部分的逻辑推理，得到一个占天时地利的结果。

How——你打算怎样做？

第三个问题：你打算怎样做？

实际上我们要回答的是，一整套落地执行的策略以及发展规划。

对这个问题的回答，至少要涵盖以下五方面的内容：

第一，产品策略，包括你的产品是什么，以及如何让产品打开市场。在这个酒香也怕巷子深的时代，商业竞争的要点就是你要制定产品策略，一步步打开市场，占有市场，保证最终拿下更高的市场份额。

第二，商业模式。这里要对已经运用的商业模式以及未来可以采用的商业模式进行深度思考和诠释。每个独立板块的合作方甚至资源方，为什么会参与你的业务和商业版图？当然，最主要的就是获利，你要说明他们凭什么能在你这里赚到钱，以及你凭什么能够吸引他们来参与。

第三，盈利模式。你想通过这个商业模式去赚钱，也要清晰表达出，你以什么样的方式赚钱，你到底赚哪些钱，哪些利润空间可以给到你的合作伙伴，你能拿来赚钱的业务或者产品有哪些。

第四，要对自己的行业所处的产业有一个宏观的分析。这部分我们需要结合产业链思维去解决未来你可能需要涉足的行业，进一步告诉投资人你的天花板可以很高。

第五，发展规划。就是通过一个个能落地、能实现的发展目标，来做出公司的发展规划，通过它能预测整个公司的发展前景。

通过这5个细分板块环环相扣的陈述，我们就能够非常清晰地回答"你打算怎么做"这个问题。

Who——由谁来做？

第四个问题：由谁来做？

实际上我们要回答的是，团队构成的问题。核心考察的是创始人用人的准确性，责任分工的明确性，以及团队人员与创始人的黏性。

前面"为什么现在做"这个问题下，我们回答了天时、地利的问题，"由谁来做"本质上就是在回答人和的问题。这样，天时、地利、人和，我们都有了。

在这个问题之下，我们首先要对创始人背景有较为全面的介绍，包括创始人的资历、学历、成绩等能说明创始人超强能力的个人展示部分。

同时，要全面地介绍核心团队成员，包括每个人都有什么样的工作背景以及顾问团队，外部资源有哪些是可以利用的。

从这些方面全面分析出我们团队的能力和背景与这个项目有多么契合。

Why you——为什么只有你能做？

第五个问题：为什么只有你能做？

实际上这个问题要回答的是，我们的核心优势是什么，可以从我们可利用的资源层面或核心技术层面具备的技术优势方面，来阐释为什么别人无法模仿我们、超越我们的创业项目。从这个角度回答为什么只有我们能做这个项目。

How much——需要多少钱？

第六个问题：需要多少钱？

我们需要通过预估项目的未来收益，计算出需要多少钱，准备出让多少股份，拿到投资人的钱后，我们要怎么花，以及接下来的融资规划，让投资人看到你公司的盈利潜力、你对于这笔钱的规划，以及从资本的角度对他们来说有多大的好处。

了解了4W2H的框架需要阐述哪些范围的内容，接下来的章节中，我们一一拆解这6个框架必须包含的18个基本面到底是什么，我们可以通过这18个基本面获得怎样的创业启发，以及应该怎样写商业计划书。

好了，本课时到这里就结束了，咱们下节课再见。

第4课

产品介绍怎么写？

▼

欢迎来到本课时学习，上一节课了解了4W2H法则包含的内容，接下来进入第一个问题的学习：你打算做什么？

在这个小章节的学习中，我们需要带着这样四个问题去思考：

你从事的是什么行业？

你提供什么样的产品或服务？

你的用户群体是谁？他们有什么样的特征？

用户能从你的产品或服务中获得什么样的价值？

下面的小节里，我会从公司介绍、产品介绍以及用户的角度展开。

PPT 封面：一句话介绍创业项目

很多创业者在写公司介绍时，很容易把注册公司的营业执照上的内容搬下来，如公司名称、注册资金、经营范围。这是一种非常错误的做法。

营业执照上的内容，虽然能说明你公司的部分情况，但是不能显示出你实际想要做什么业务。营业执照上的经营范围反映的是你可以经营的内容，但是它并没有从根本上说明你能提供什么解决方案。所以，创业者们一定不要把公司营业执照上的经营范围照抄在公司介绍里，这没有任何意义。

在制作商业计划书的时候，首先要制作一个封面，从封面上就要用标题来抓住投资人的眼球。

可以说，封面的标题是吸引投资人看下去的第一个点。例如，××体育APP的商业计划书封面上写着：一项体育运动引发的产业革命。

当你看到这个封面的时候，是不是会想：一项体育运动怎么会引发一场产业革命呢？于是你会带着好奇去阅读接下来的内容。

再比如，"一种框架结构引发的屈光革命"，投资人看见屈光两个字，就能感受到这是一个关于眼镜行业的革命性产品，从开篇也就更能激发起他的好奇心。每个投资人都不会拒绝新兴的产业革命，"革命"一词虽然很大，但它可以反映出你对产品的信心。

图 4-1　商业计划书封面展示

你为什么有如此之大的口气，是狂妄还是自信，投资人通篇看下来自会领会。

强烈建议大家在写完整个商业计划书后，再总结构建封面文案，这样会达到事半功倍的效果。你还没有思考完后面的内容时，很难激发起你的想象力，来总结出用于开篇的一句话大框架。

撰写封面的文案，我总结出的基本要点有三点：卖点凝练，简短好记，易于传播。

例如，卖点提炼："让更多单人家庭享受吃米饭的便利"——××小罐米。

我们将关键词"单人家庭""米饭""便利"提炼出来，很容易总结出人群、产品和好处这三个特点。都市白领独自居家生活，成为当代年轻人的主流，"单人家庭"即可概括产品的用户属性，"米饭"明确了产品到底是什么，"便利"说明的是对用户的有利之处。一句话凝练出了项目的卖点以及对用户的好处。

例如，简短好记："手机中的战斗机"——波导手机。

关键词"手机""战斗机"，用了类比的手法，从性能层面反映出手机功能的强大属性堪比战斗机。看到这句话的观众在脑海中明显有了画面感，同时让看到这句话的投资人再也无法忘记：你做了一部性能强大的手机。

例如，易于传播："最后五公里范围内的中华料理"——××中餐连锁外卖。

关键词"最后五公里""中华料理"，即凸显了未来餐厅会向连锁化发展，要让顾客5公里范围内能找到自己，这样外卖用户平均等待的时间能控制在半小时内，体现出你的用户思维。并且"最后五公里"也是一个物流领域的专业词汇，在这里一语双关。"中华料理"突出了将中餐做到极致的匠心精神。投资人在看到这样的定义时，相信他很难不继续看下去。最关键的是，这句话形象又好记。

很多创业者在思考项目的一句话介绍时，都会忽略重要的传播属性。其实在生活中不管是我们的同事、投资人、合伙人，还是朋友、家人，都可以为我们的项目主动传播。

比如说，经常有人会问到"你是做什么的？"，当你能用一句话介绍出你所从事的事情、项目要解决的问题时，你的第二级联系人再介绍你的时候，便可以顺便帮你做传播。

试想一下，如果你要用20分钟描述你的项目，别人听不听得懂暂且不说，基本上也不可能记得住，更不可能热心地将你的项目介绍给别人。

PPT第1页：一句话介绍公司

如果封面的一句话项目介绍能激发起投资人的好奇心，那么接下来的一句话公司介绍就要开始解释你的公司到底是做什么的了。同样的，描述公司的时候，也需要做到语言简洁、明确。

最常见的就是用一句话介绍公司。有些创业者可能会想：我公司要干的事情那么多，我怎么能用一句话就都表达出来呢？来，我教给大家用一句话介绍公司。

我们可以从下面这5个要素入手介绍公司：

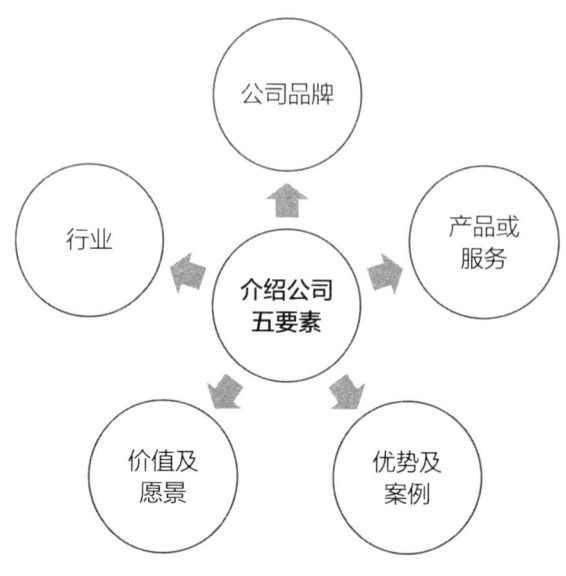

图4-2 五要素介绍公司

比如我的品牌是立业星球，行业是知识付费，产品和服务是什么——BP写作课，帮别人代写商业计划书，还有帮创业者融资。

那我的价值和愿景是什么呢？帮助普通人建立创业思维，帮助创业者融资成功。

那我的优势呢，就是过往案例成功融资2.3亿元。

我们都可以把公司要做的事情从这5个角度分解出来，填写在一个表格里。

表4-1 介绍公司五要素

要素	描述
公司品牌	
行业	
产品或服务	
价值及愿景	
优势及案例	

再比如，公司品牌：新石器；行业：物流行业；产品或服务：做无人驾驶运输车产品；价值及愿景：解决最后5公里配送难题；优势：自有生产工厂。

再来一个，自嗨锅，大家听过吗？它是食品行业的。主要的产品是什么呢？即食食品。它的价值是帮助都市年轻人从厨房中走出来。很多年轻人都不愿意做饭，还想吃好的，是不是？那这个价值是不是从一个正向的角度，体现出了它能为用户提供什么样的价值呢？它的优势是打造一人食餐饮标准。看看，都打造一个人吃饭的标准了，是不是很标新立异？

我们再看逸仙电商，它所在的行业是化妆品行业，产品有什么呢？彩妆，护肤品。它的愿景是什么？要做新时代的美妆新品牌孵化平台。他们的案例有什么？完美日记、小奥汀、完子心选。

在这里我要和大家解释一下，公司性品牌和产品性的品牌是两个不同的概念，但又有一定的关系，例如，完美日记，它有自己的一套产品线，有属于自己的人群定位，以及自己的一套营销体系，那它就是一个独立的产品性品牌。但是，它又是属于逸仙电商旗下的品牌。

逸仙电商相当于一个母公司的概念，"大儿子"叫完美日记，"二儿子"叫小奥汀，"三儿子"叫完子心选。这三个"儿子"都有不同的名字，不同的产品，不同的营销体系。"妈妈"叫逸仙电商，是做品牌孵化的，孵化出了3个"儿子"，虽然他们有血缘关系，但是他们不是同一个人，这个大家能理解吧。后面我们也会从产品的角度去告诉大家他们的区别。

然后我们来看喜茶。它属于饮品行业，产品是茶饮品，价值是什么？专注于优质茶香，文化传承，这个价值看起来是不是很有品位，卖茶饮料都上升到文化传承了。最后，优势是什么？芝士现泡茶的原创者。这是要表达什么意思呢？别的公司都在抄袭我，只有我才是原创。

最后来看元气森林，也是饮品行业。产品是低糖的多风味气泡水，总结为创新型饮品。价值是立足健康需求，突破口味壁垒，是不是也很标新立异啊，因为是0糖0卡的饮料，所以立足健康。关键饮料有多种口味，不是没有味道的白开水，是不是突破了口味壁垒？再看看它的优势——自主研发，自主设计。

参考这6个案例，创业者可以举一反三，把自己公司的介绍也从这5个因素入手拆解出来。看到这里，相信大家一定觉得写公司介绍很简单了吧？接下来看看，如何利用刚才拆解出来的内容，把它组织成一句介绍公司的话。

一句话简介怎么写?

公司/品牌	行业	产品/服务	价值/愿景	优势/案例
立业星球	知识付费	课程 代写 融资	帮助创业者融资成功 / 帮助普通人建立创业思维	过往案例成功融资2.3亿
新石器	物流	无人驾驶运输车	解决最后5公里配送难题	自有生产工厂
自嗨锅	食品	即食食品	帮助都市年轻人从厨房中解放出来	打造一人食餐饮标准
逸仙电商	化妆品	彩妆 护肤	新时代的美妆新品牌孵化平台	完美日记 小奥汀 完子心选
喜茶	饮品	茶饮	专注于优质茶香，文化传承	芝士现泡茶的原创者
元气森林	饮品	创新型饮品	立足健康需求，破除口味壁垒	自主研发，自主设计

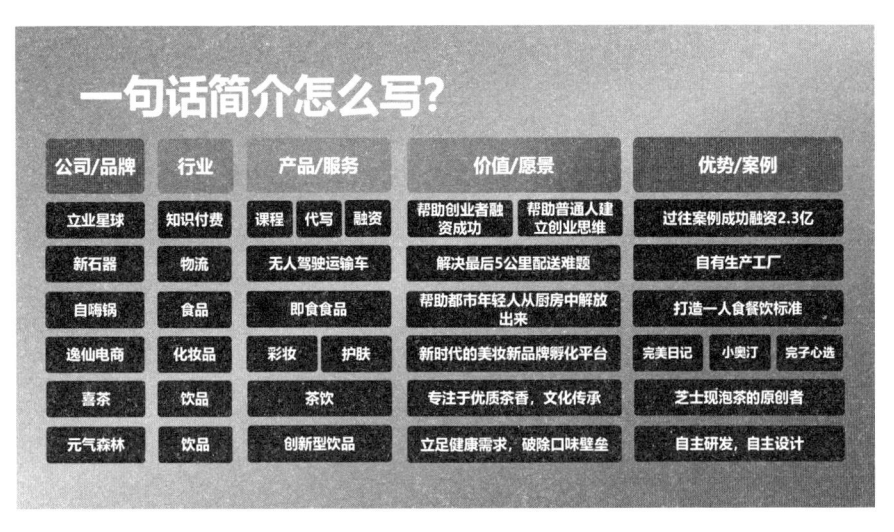

图4-3 一句话介绍公司案例

在这里我给大家一个公式：

_____（公司/品牌）是一家_____（行业）的_____（产品或服务）的公司/平台/服务商，致力于用_____（优势或者案例）实现_____（什么样的价值或愿景）。

公司/品牌　行业　产品/服务　价值/愿景　优势/案例

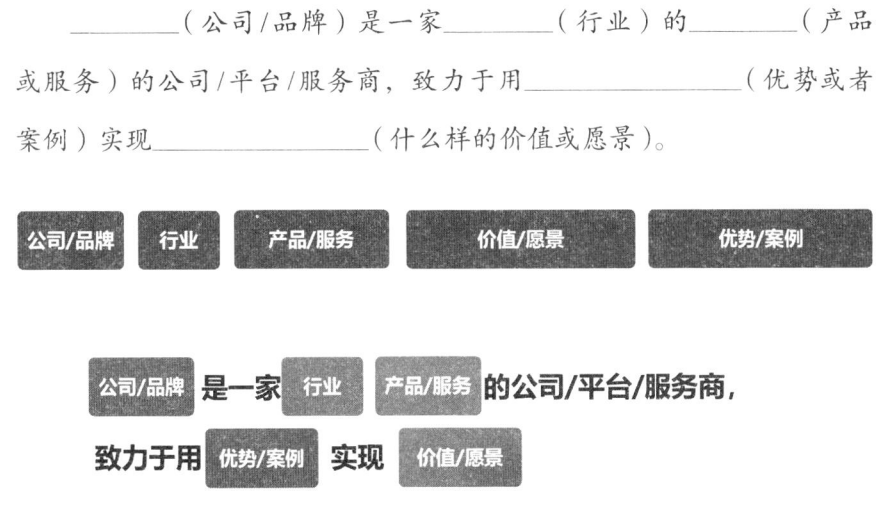

公司/品牌 是一家 行业 产品/服务 的公司/平台/服务商，致力于用 优势/案例 实现 价值/愿景

图4-4 一句话介绍公司公式

创业者直接套用这个公式，用关键词造句，就可以一句话写出公司简介了。

根据这个公式写出来的一句话公司介绍就变得简单、直接、有效。

以我的公司为例：立业星球是一家集商业计划书写作课程、商业计划书代写及融资服务于一体的创业服务平台，致力于用过往成功融资的经验，帮助普通人建立创业思维，帮助创业者融资成功。

同样的：

新石器是一家物流领的无人驾驶车公司，自有生产工厂，致力于帮助企业解决最后五公里的配送难题。

自嗨锅是一家即食产品公司，致力于打造一人食的餐饮标准，帮助都市年轻人从厨房中解放出来。

关键词造句

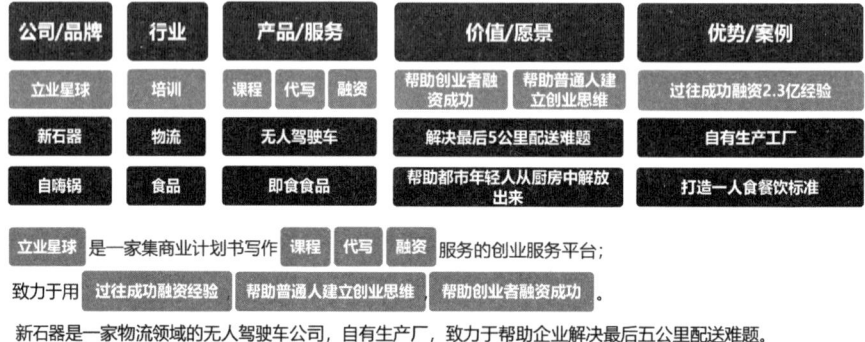

公司/品牌	行业	产品/服务	价值/愿景	优势/案例
立业星球	培训	课程 代写 融资	帮助创业者融资成功 帮助普通人建立创业思维	过往成功融资2.3亿经验
新石器	物流	无人驾驶车	解决最后5公里配送难题	自有生产工厂
自嗨锅	食品	即食食品	帮助都市年轻人从厨房中解放出来	打造一人食餐饮标准

立业星球是一家集商业计划书写作 课程 代写 融资 服务的创业服务平台；致力于用 过往成功融资经验 帮助普通人建立创业思维 帮助创业者融资成功。

新石器是一家物流领域的无人驾驶车公司，自有生产厂，致力于帮助企业解决最后公里配送难题。

自嗨锅是一家即食产品公司，致力于打造一人食的餐饮标准，帮助都市年轻人从厨房中解放出来。

图4-5 关键词造句

很多创业者会纠结自己的公司究竟是平台还是服务商，这里我需要给大家解释一下平台、服务商二者的区别。

平台，顾名思义，像是我搭建了一个舞台，我负责舞台的管理，上台表演的演员不是我自己，台下看表演的观众也不是我。演员和观众通过我搭建的舞台才聚集在了一起。

平台是一个甲方+乙方的概念。对于来看表演的观众而言，我是乙方，为观众提供服务；对于上台表演的演员而言，我是甲方，让演员来服务我的舞台。

这是很重要的一点。平台需要满足的是：既是甲方，又是乙方。

而服务商呢，更像是一个单纯的乙方。它的角色用服务别人来解释更为贴切。

除平台和服务商外，还有很多更复杂的公司类型，都可以直接用公式来表达。

怎么样？用这个公式套写一句话介绍，是不是就简单和容易了许多呢？大家不妨亲自用这种方式套用公式写写，练习一下！

作业1

到这里，这节课的第一个作业就有了：

创业者用我教的方法，一句话介绍你的公司。目前还没有自己创业项目的创业者，可以帮别的公司写一份一句话简介。

保留好这份练习作业，跟着接下来的章节完成好每一课的课后练习，你也可以做出一份完整的商业计划书。

产品类型和服务类型

产品简介和一句话公司介绍一般同时出现在商业计划书的正文部

分的第一页，合在一起组成了"What we do（我们要做什么）"的清晰描述。

在写好产品一句话简介之前，我们一定要思考清楚产品和服务到底是什么，这些产品要怎样去规划和描述它呢？

首先我们来了解一下日常生活中所能见到的产品类型和服务类型。

产品类型

我们可以把常见的产品分为实物产品和虚拟产品。

实物产品看得见，摸得着，比如服装、化妆品、食品、玩具、手机等，这些产品也被称为有形产品。

相对应的，APP、线上课程、虚拟货币、功能卡、网站，我们无法直接触摸到，但是它确实是通过某种介质，对我们的生活有所帮助，这样的产品我们归纳为虚拟产品。

一般情况下虚拟产品是服务的一种集合体现。例如，打车软件集合了叫车服务、预约服务、选择车型的服务，满足了人们的日常用车需求。所以在某种意义上，虚拟产品就包含了我们说的服务。

服务类型

日常生活中，我们能接触到的服务类型分为两大类：配套服务和增值服务。

第一种服务叫配套服务或者基础服务，比如购买产品的时候，有些产品的供应商会提供保养服务，买了某些产品之后还可以享受维修服务、快递服务、安装服务，等等。

这些对某种商品提供的配套服务，能够给实物产品提供附加价值，同时不依赖于实物商品，独立运作。

还有一种服务类型，叫增值服务或者延伸服务，比如说服装定制，品牌的授权使用，第三方服务，以及从外部采购回来的服务，甚至保险服务，都属于增值服务。

增值服务和配套服务，在某些特定条件下的定义是模糊的。也就是说，它们之间可以相互转化。

案例

我们来看一个实际案例。我先来交代一下背景。山东某体育馆长时间闲置，整个单体建筑非常庞大，里面入驻了很多商家，如培训机构、运动服饰店，总而言之是一个非常繁杂的商业业态。

场馆运营方希望能将使用面积800平方米的两层区域拿出来自己运营。这是一个很好的资源，于是他们找到我，让我写一份商业计划书，希望能引入投资人的钱来运营场馆。

场馆运营方参股，从而取代单一的场地收租模式。这是一个典型的资源整合案例。经过和他们的沟通确认，我们将运营方向定位为电竞文化、教育、娱乐一体化发展的服务平台，说得简单点，就是带有教育功能的网吧。

介绍完背景，我们来看看从产品的角度，为什么这是一个具有教育功能的网吧。结合上节课的内容，我们来看看这家公司的一句话简介。

某某互动娱乐有限公司，是一家位于山东省济南市，集电竞文化、电竞教育培训及休闲娱乐于一体的电竞内容科技服务平台；致力于通过电竞文化传播、俱乐部场馆运营、电竞人才培养输出，打造全国首个电竞内容科技服务平台。

从产品和服务上，我们大致规划出了4大核心业务板块：电竞俱乐部赛事运营，电竞人才教育培训，竞技VR内容生产与体验，以及专业电竞场馆运营。

还记得上节课的公式吗？

_____（公司/品牌）是一家_____（行业）的_____（产品或服务）的公司/平台/服务商，致力于用_____（优势或者案例）实现_____（什么样的价值或愿景）。

再来看这个公司简介——"集电竞文化、电竞教育培训及休闲娱乐于一体的电竞内容科技服务平台"，就是对核心业务的概括和总结。

4个要素——NFPV

接下来可以把我们要写的产品介绍，理解为产品+服务的介绍，两者可以视为一个不可分割的整体。

我们来思考一个问题：消费者在购买产品的时候，本质上他们是在为产品本身买单吗？不是的，消费者在购买产品的时候，实际上购买的是它的实际用途。

例如，我们买电动牙刷，消费者肯定不认为他买了一把能充电带电动马达的刷子，对不对？他购买的是清洁牙齿的功能。关键的用途在于刷牙，而不是从产品本身理解的带电动马达能充电的刷子。

所以，创业者在做产品介绍的时候，一定需要遵循这4个要素——

NFPV（命名、功能、定位人群、价值），才能全面地让别人理解你的产品到底是什么！

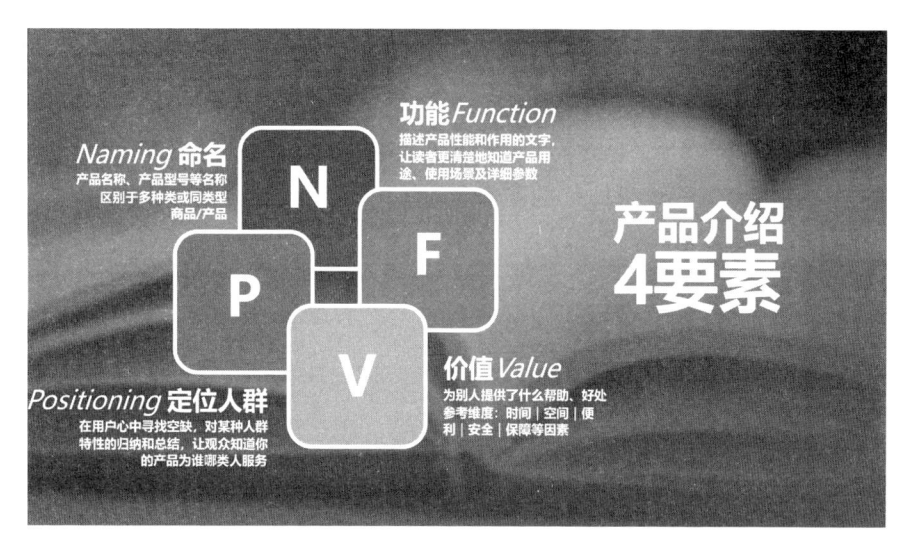

图4-6　产品介绍四要素

第一个要素是Naming（命名），也就是产品名称、产品型号等区别于其他类型或同类型产品的名字。

第二个要素是Function（功能），描述产品性能和作用，让读者更清楚地知道产品用途、使用场景及详细参数。

第三个要素是Positioning（定位人群），在用户心中寻找空缺，对某类人群特性的归纳和总结，让读者知道你的产品为哪类人服务！

第四个要素是Value（价值），你的产品为别人提供了什么帮助、好处，不管是节省了时间，还是空间，提供了便利性，还是安全性。

我用一个反向的描述来做一个实验。例如，商品名称是小立H3；功能是清洁牙齿，具有最高110Hz高频振动可替换刷头，还能即插即充电，有三档震动模式清洁力度；定位高品质生活人群；提供的价值是解决刷牙刷不干净的烦恼，高效安全的牙齿清洁方案。

根据这些线索能联想到的产品是什么？我们是不是很轻松就能联想到电动牙刷？

我希望大家思考一个问题：如果是在10年前，在没有电动牙刷的时候，当我给出这些信息，你的脑海里会有一个什么样的画面出现呢？你是不是也可能觉得它是这样的？

对每一个产品而言，我们都会有一个先入为主的印象。这也是随着商业的发展带来的认知上的改变。那么，我们在从这4个方面去描述产品的时候，不管它是当下大家认识的产品，还是没见过的产品，我们的描述都能对它有一个清晰的界定。

对于投资人而言也是一样的，当你的产品不是当下社会熟知的产品时，我们也能够通过这4个因素的描述，去给这个产品一个清晰的界定。

再给大家举一个例子：小立微动，能远距离移动物品，最快24小时到达目的地，帮需要物品及时移动的人群解决物品的远距离移动难题。

你的第一直觉是不是联想到了科幻片里的传送门？

当我提供更详细一点的描述的时候，比方说，功能：用车辆运送物品，最快24小时送达；定位人群：通过网络卖货的商家。修改这2个方面的描述后，大家对这个产品或服务就又有了进一步的认知：没错，它变成了快递。

这就是产品四要素描述的重要性。这四个要素改变任何一个，都能够让人联想到不同的产品。这也是很多人的产品介绍写得不明白的原因。

同样的，我们来拆解几个单一产品的案例。

BP写作训练营，功能是线上视频+直播课程，定位人群是需要融资的创业者，价值是教会创业者自己写BP。

小立H3，最高110Hz高频振动、可替换刷头，即插即充，三档震动模式清洁力度，定位高品质生活人群，解决刷牙刷不干净的烦恼，提供高效安全的牙齿清洁方案。

小立微动，用车辆运送物品，最快24小时送达，定位是电商商家，解决跨省市送货难题。

当我们把产品从这4个角度分析好之后，接下来一句话产品介绍就变得简单了许多。同样的，我们可以通过套用公式来完成对产品的描述。

表4-2 介绍产品的公式

公　式	范　例
公式1：××（名称）是一款/个/种××（功能）的产品/服务，能够帮助×××（定位人群），实现×××（价值）	BP写作训练营是一个线上直播+视频课程，能够帮助不会写BP的创业者，学会写BP的实战方法
公式2：××（名称）是一款/个/种为×××（定位人群），实现×××（价值）的具备××（功能）的产品/服务	BP写作训练营是一个为不会写BP的创业者，实现学会写BP实战方法目标的线上直播+视频课程

作业2

那么这部分内容的第一个作业，就是来拆解咱们自己的产品，从名称、功能、定位人群以及价值这4个角度，写出产品描述表格。

第二个作业，就是根据你所做的产品描述，分别用两个句式写出一句话产品介绍。

怎么样，很简单吧！通过产品/服务关键词的提取，我们就可以用一句话来写出我们的产品简介。对于较复杂的平台类型产品，比如APP这种因为功能复杂多样，存在无法用一句话描述难题的产品，我们应该怎样描述呢？

平台类型产品描述

平台类型产品的功能肯定不会是单一的，比如，我们所熟知的微信，它不但是一个具备聊天功能的软件，还具有朋友圈、小程序、支付等多项功能，对于这种功能复杂的产品应该怎样描述呢？这节课重点讲讲这类产品的描述。

例如，前面我们提到的××体育APP，其产品由两个大产品组成，第一个是《超球少年》这档青少年足球竞技真人秀节目，也就是我们所谓的IP，那它如何通过IP去整合资源呢？这里就涉及另外一个产品平台——××体育APP，这是一个青少年成长体育综合服务平台。

我们来看看从功能性上划分，这个平台希望实现什么样的产品功能。

第一个功能，场馆预约。这个功能主要是对第三方的场馆实现查询与预定，按运动类型及可预约的时段分类查询预约，线上支付凭二维码入场实现结算。

第二个功能，课程商城。这个功能是为适龄青少年提供种类丰富的在线课程选择，包括了视频课以及线下体验课，同时家长还可以监督课程的完成进度。

第三个功能，体育商城。这个功能主要是以卖货为主，比如售卖体育用品、体能玩具，健康食品、饮料、联名款体育用品等其他衍生商品等。

第四个功能，超球咨询。这个功能的设计是希望能为青少年的成长提供一个信息平台，让用户时刻知道和各项运动有关的新闻资讯。

第五个功能，社交圈子。这个功能的设计是希望用户可以发布图文动态，满足家长为孩子约球、组队比赛等社交的需求，让用户喜欢在这里发布信息。

我们可以看到，当你的产品具有平台属性，产品需要通过多功能的设计去实现的时候，都需要对平台的核心功能进行详细规划和描述，为用户规划出适合他们的功能。

例如，××体育APP为什么要设计出这么多功能？

它是一个青少年成长体育综合服务平台。我们能够预知的功能，例如踢足球，你需要预约场馆吧，我满足你，加一个功能——场馆预约；你需要学习技巧吧，我满足你，再来一个功能——课程商城；你需要买装备吧，我还满足你，再加一个功能——体育商城；你需要了解体育资讯吧，我依然满足你，增加体育资讯功能；你一个人踢不了足球，得约其他人一起踢足球吧，我还能满足你，增加社交功能。

在平台的功能设置上，第一个原则就是需要实现让用户来到这里，能找到他需要的所有服务。

当我们要打造的是APP平台类型的产品时，必须知道APP具体有哪些功能，以便于对各项功能分别进行讲解描述，让投资方看到你的产品思路清晰，具体形象，且功能完善，是一个已经具备了完整设计思路的产品。同样的，设计一张清晰的产品界面图，也可以更直观地将产品呈现在投资人眼前。

但是绝大多数时候，创业者可能对产品只有一个大致的概念和想法，并没有对产品的具体功能进行思考。建议创业者参考同类型的产品，试着先用笔在白纸上写/画出你想象中的产品应该具备哪些功能，将产品和它的功能具体化。不管你未来是否要找产品经理帮你实现这个产品，通过对产品功能的思考，有助于你更加深入地思考你的产品。

作业3

这部分的作业出来了：如果你的产品是一个平台，面对你的用户，你能想到哪些适合他们的功能去解决他们的痛点呢？

咱们可以根据××体育APP的产品逻辑，实际操作去做出一份详细的功能规划设计。

这个作业作为这章难度最大的附加题，不要求所有人都完成，但是一定要对这道题反复思考，最好能试着写一下。

总结

"What——你打算做什么"，是商业计划书的第一个大框架，需要体现的内容分别由PPT封面"一句话介绍创业项目"，PPT第1页"一句话介绍公司"组成。

对于复杂的平台类APP产品，我们可以通过在PPT正文第二页展开详细的产品功能描述呈现，整体形成一个你所能提供的解决方案的具体描述。

其中还插入了5个知识点，给出了常见的书写错误，阐明了一句话项目介绍的重要性，产品与服务的分类和定义，产品或服务精准描述的NFPV要素以及平台型复杂产品介绍的撰写方法与具象化呈现。

如果说第一个框架简单描述了你要做什么，那么第二框架"Why now——为什么现在做"就是在进一步呈现你的商业洞察力和市场研究的理性分析能力！

整个框架的逻辑是这样的：我发现我的产品/项目可以解决一部分人的痛点，因此通过市场研究发现这是一个非常具有发展潜力的市场，同时政策还支持整个行业的发展，得出我在顺势而为的结论。

那么接下来我们进入第二个框架的学习。同样，在第二个大框架下，我们需要通过3个子框架来详细阐述你的洞察与发现，包含痛点分析、市场规模分析以及政策分析三个板块的内容。

下一章我会对用户痛点挖掘来做进一步探讨。

那么好了，本课时到这里就结束了，咱们下节课再见。

第 5 课

商业痛点分析

欢迎来到本章学习,这节课程的内容非常重要,这章要学习的是用户痛点的挖掘。本课程主要围绕以下两点展开讲解:

什么样的点才是痛点。

我该怎样发现痛点。

真正的痛点

很多创业者在这一关卡上，因为错误的判断，比如把痒点当成了痛点，导致整个商业变成了空中楼阁。

我们首先需要明确一下，商业计划书中讨论的痛点一定要具备两个特质：一是，痛点是客观真实存在的，二是，这个痛点是你熟悉的，且你有解决方法。

我们先来举例说明第一个特质"痛点是客观真实存在的"。比如说，在没有打车软件的时候，网约车没有普及，出租车数量有限，一旦遇到下雨天或者其他恶劣天气，常常一两个小时打不到车。遇到这种情况的时候，很多人会想：如果有一个方法能解决我雨天打车难的问题，那多好啊。站在用户的角度，我们发现了用户面对某种情况的无奈和渴望，很真实，也是客观存在的现象。

再来看第二个特质"这个痛点是你熟悉的，且你有解决方法"。生活中有很多我们没办法解决的痛点，比如说，长生不老的问题，我们都希望自己能活的时间很长，它是一个真需求，但是我们能通过一个方法解决吗？解决不了。再比如说，我们每天需要刷牙洗漱，我懒啊，我不想动，但是每天还是要花很多时间在这个事情上面，有没有一种解决方案，既能让我保持懒惰，又能让我保持干净呢？目前是没有的。

什么是你熟悉而且还能解决的痛点呢？例如，你不会写商业计划书，找到相关的老师学习，就能解决你的痛点。换个角度说，我知道很多人不会写商业计划书，这个是他们的痛点，而我会写啊，我来教给大家怎么写。

这是最简单的痛点挖掘。当然了，我相信在每个行业，只要你留心，就能够发现其中需要解决的痛点，而且你有办法去解决这个痛点。

痛点与创新

那么接下来，我们要通过什么样的方式去解决痛点，就成了一个关键。

总的来说，要解决痛点问题必须具备两个条件：创新与获利。接下来展开说明这两个条件。

第一个条件：创新。解决问题的方式一定是要创新的，一切商业都是为了方便人们的生活。例如，因为你不想手洗衣服，所以发明了洗衣机；因为你不想长途跋涉，所以出现了马车、汽车、飞机；因为吃火锅的时候不想弄脏衣服，所以有了塑料围裙。

每一个痛点的解决，都对应着创新。

我们把创新分成了四个部分。

第一，技术创新。袁隆平培育的杂交水稻，通过技术的创新，实现了农产品种植的产量提升。技术创新的本质，是科学的发展和应用。这样的例子还有很多，比如说有一阵非常火的一种材料，叫石墨烯，它的其中一种应用——石墨烯电容器，不仅外形小巧，而且充电速度为普通电池的1000倍，可以在数秒内为手机甚至汽车充电，未来可能会被运用在很多领域。

第二,产品创新。大家还记不记得在诺基亚最风光的年代,手机一次充电能满足一天使用,我们出行很少会多带一块备用手机电池,但是当苹果创新了手机产品后,智能手机在功能变得强大的同时电量消耗也增大了,我们发现手机自带的电量不够用了,于是又出现了新的产品,这个东西叫充电宝。产品的创新可能带来新的痛点,我们依然需要创新的产品去解决这个痛点问题。

第三,模式创新。这里我们以共享充电宝为例来说明。共享充电宝生意的逻辑非常简单:日常生活中有些人出门忘记带充电宝了,或者充电宝也没电了,共享充电宝模式的创新,让用户在更多的消费场景中,能够通过简单的操作,得到随时补充手机电量的机会。

第四,服务创新。最典型的例子就是南方的菜市场。在北方的菜市场买菜,所见即所得。但是在南方的菜市场,摊主还会帮你免费处理菜品。不要小看这一个小小的举动啊,它确实是一次服务的创新。原来客户买到菜,需要回家处理,费时费力,现在客户拿到了处理好的菜品,回家清洗一下,就可以直接烹饪了。这种服务的创新包含在生活的每一个小细节中,并没有那么难,只是看你愿不愿多为顾客思考一步。

那么,如何给商业提供持续创新的动力呢?这就是我们要讨论的第二个条件——获利。企业通过创新,获得利益,赚到更多的钱,用户通过创新得到便利,同时企业的创新给社会产生了更多福利,对国家社会发展有利。

如果创新没有让企业赚到钱,那就是一个失败的创新,其至可能是一个不必要的创新。

回到我们商业计划书讨论的痛点范畴，痛点是客观真实存在的，并且是能够通过创新解决、从中获利的痛点。同样的，如果一个痛点，你解决不了，那就不是我们在商业计划书中要去讨论的痛点。在写商业计划书的时候这一点一定要明确好。

用人、货、场概念挖掘痛点

了解了在商业计划书中讨论的痛点，我们需要明确，到底什么才是用户痛点，我们怎样去挖掘他们的痛点。

人、货、场概念

人、货、场的概念不知道大家有没有听说过？这个概念在电商领域用得非常普遍，它能够很清晰地说明我们的痛点发生的环境。

人是什么样的人呢？有共同特征的某一个群体。货是什么样的货呢？就是人群匹配的产品或服务。场是什么样的场呢？是使用货的场景/环境。

用人、货、场的概念，我们就能深刻理解什么叫信息差。

第一个情况，人在场中找不到货，举例：上班族在雨天打不到车。上班族就是这里我们所描述的人；雨天打车，就是我们所描述的场；出租车就是我们所描述的货（产品或者服务）

第二个情况，货在场中接触不到人，举例：新开的餐厅没有人来用餐。人是想吃饭的人，新开的餐厅是场，餐厅的菜品是我们的货。

那还有没有第三种、第四种情况出现呢？比如说人在货中找不到场，货在人中找不到场。这两种情况非常抽象，我希望大家能够按下暂停键思考30秒钟。

在现实生活中，有没有这样的情况发生呢？一定是没有的。出现这种情况，我们就要谨慎了，因为这个痛点属于伪痛点，它是一个假的痛点。

我们可以把它归纳为图5-1：

什么是用户痛点？

痛点发生的环境

（人）在（场）中找不到（货）
上班族在雨天打不到车

（货）在（场）中找不到（人）
新开的餐厅没有人来用餐

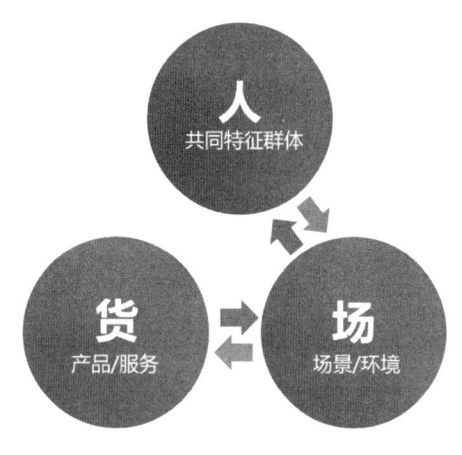

人
共同特征群体

货
产品/服务

场
场景/环境

图5-1 人、货、场的痛点

人需要通过场景去连接货，货需要场景去连接人，但是人和货之间并不能直接发生连接。我们再按下暂停键，思考30秒钟。这就是为什么我们不能凭空研发一个产品的原因，缺乏了场景这一层关系，人和货是没办法直接连接的。这也就是我们所说的，消费者购买的实际上不是产品本身，而是产品在场景中的用途。

用户痛点归因

充分理解了人、货、场的关系，我们来看看如何分析用户的痛点，以及找到痛点产生的原因。

我们在生活中碰到的每一个问题，都能够通过人、货、场三个维度进行分析，挖掘出各种痛点问题。

例如，在"你在商场厕所发现没有纸"这个问题里，人，是上厕所的人，在这里就是你；货，是你要用的纸；场，是上厕所的场景。

我们站在上厕所的人的角度，来分析一下他有什么样的问题。第一种可能性，是你不了解这个商场，商场在厕所是不放纸的；第二种可能性，是你健忘，知道这个商场厕所没纸，你可能忘带了。

我们站在商场的角度，来分析一下他有什么样的问题。商场的厕所是由商场管理的，第一种可能性，是管理厕所的清洁工没及时放纸；第二种可能性，是商场采购纸的时候没买够，要省着点用。

我们还能换一个角度，从纸的角度或者生产纸的厂家角度来分析问题。第一个可能性，是厂家的纸价格涨了，卖得贵，商场不想继续采购了。第二个可能性，是厂家的纸虽然便宜，但是销路不好，没有给商场供货的渠道。

看到了吗？选择不同的角度，我们能发现不同的问题。在上厕所发现没纸这个问题上，我们可能发现：认知问题——我不了解这个商场不提供纸，或者健康问题——我最近总是健忘，总是忘带纸。

从商场的角度，我们又发现了管理的问题——放纸不够及时，还有

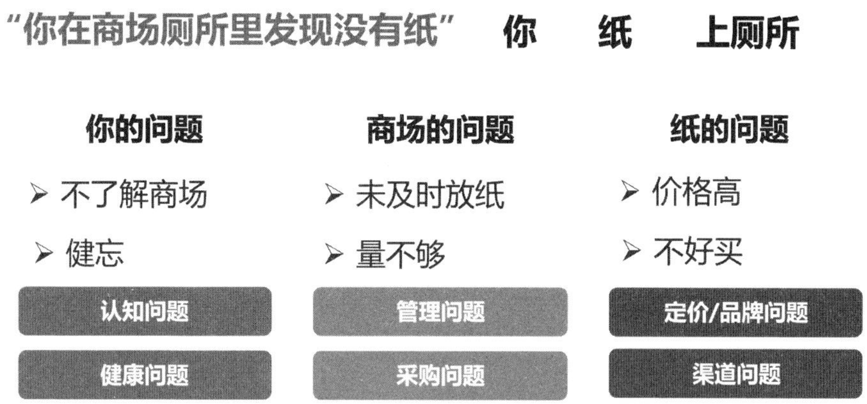

"你在商场厕所里发现没有纸"　你　纸　上厕所

你的问题	商场的问题	纸的问题
➢ 不了解商场	➢ 未及时放纸	➢ 价格高
➢ 健忘	➢ 量不够	➢ 不好买
认知问题	管理问题	定价/品牌问题
健康问题	采购问题	渠道问题

图5-2　痛点的分析与归因

采购问题或者说成本控制的问题。那站在卫生纸的生产厂家角度，我们可以发现定价问题和渠道问题。

我们再看一个案例：新开的餐厅获客难。这里面人、货、场分别是什么呢？

人，用餐的客人；场，用餐的餐厅；货，菜品。同样的，我们拆开来找问题。

从客人的角度分析，可能是他不知道这个餐厅的存在，存在客户的认知问题，也有可能他不愿意尝试新的餐厅，存在客户的偏好问题。

从商家的角度分析，可能是门口没有站迎宾人员，客户都跑去别家了。这是管理问题。还有什么可能呢？大众店铺的推广费用太高了，他用不起。这是成本问题。

我们还可以想到餐品的问题：是不是菜卖得太贵了？定价问题。或者量太少了？产品问题。

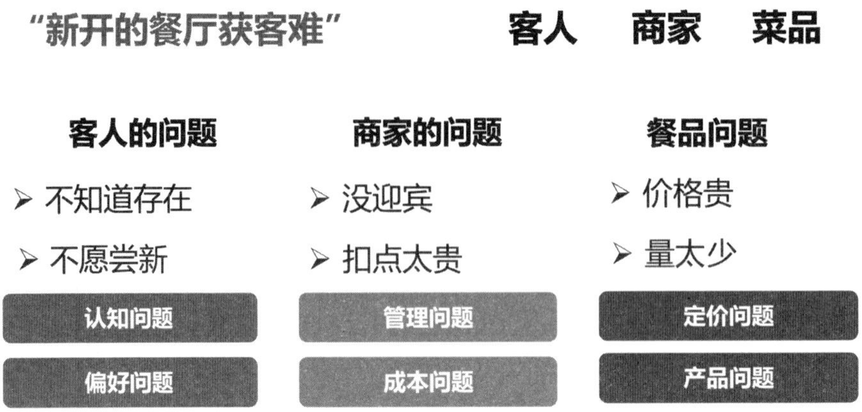

"新开的餐厅获客难"　　客人　商家　菜品

客人的问题
- 不知道存在
- 不愿尝新

认知问题
偏好问题

商家的问题
- 没迎宾
- 扣点太贵

管理问题
成本问题

餐品问题
- 价格贵
- 量太少

定价问题
产品问题

图 5-3　痛点产生的原因

当我们拆分出人、货、场的时候，能发现很多的问题。这里同学们可以思考一下：你在生活中发现的痛点或者问题，站在人、货、场这三个不同的角度分析，能发现哪些表面问题，从这些表面问题中你都能找到什么样的归因。

分析痛点

了解了发现问题的方法，我们来看看这些问题是不是痛点，用户的痛点都有什么样的特征。

第一个，痛点不是痛彻心扉的大痛，而是日常高频感知的小痛。

我们拿化妆品产品研发举例。痛彻心扉的大痛是什么？比如说某人毁容了，这不是化妆品解决的问题吧。那我们日常高频感知的小痛是什么？皮肤干燥，长痘痘，换季敏感等。

第二个，痛点不是解决锦上添花的问题，而是解决刚需问题。

我们拿打车来举例，需要的是你给乘客下雨天提供一把伞吗？不是，你需要解决的是他能叫到车的问题。

第三个，痛点不是悲悯天下，而是和"我"有关。在寻找痛点的时候，一定是从用户的实际问题出发，是有针对性的。

第四个，痛点不是一个人的痛点，大家痛才是真的痛。这里说明的是痛点的普遍性，你发现的痛点，它能够针对某一类人群，解决的是一类人的问题，而不是单个个体的问题。比如，我不爱洗澡，只是我的个人问题，它不能代表一群人都不爱洗澡。

从上面四个要点中，我们可以得出痛点分析的4个要素：

痛点分析4要素

痛点是一种在某个群体内高频感知并和该群体密切相关的未解决的刚性需求

- **HF** High Frequency 高频感知现象
- **RD** Rigid Demand 刚性需求
- **MR** Me Related 天下与我无关，问题与我有关
- **GP** Group Problem 是一个群体的通病

图5-4　痛点分析四要素

痛点发现的方法——以小见大

痛点发现往往以我们日常生活中的小事为出发点，刨根问底，透过现象分析本质。回到在商场厕所里发现没有纸的问题，我们发现了一个现象——商场厕所没有纸，找到了利益相关者——我、商场、纸，随后

我们可以用图5-5所示的方法发现痛点：

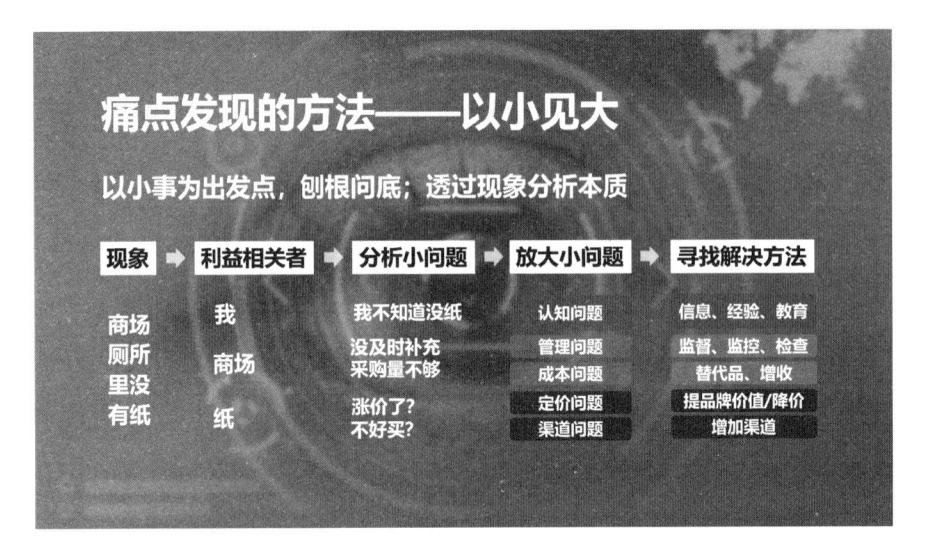

图5-5 发现痛点的方法

发现问题和解决问题是分析痛点的方法论

厕所没纸了，表面的问题是纸用完了，那么只从表面去解决，补充纸就可以了。但是关于没有纸的本质问题是：为什么没纸了？是值班人员的疏忽、纸涨价了就不再提供，还是这次量没买够？

那我们还可以进一步思考：如果是值班人员的疏忽，是不是管理出了问题？从本质上解决，就是让他去定时检查。如果是纸涨价了无法再提供，那涉及的是成本问题，本质要解决的是寻找低价的替代品的问题。如果是厕纸量没买够，就要分析是不是我们采购的问题，从本质上解决，就需要增加采购预算。

表面上解决问题，相当于我们的外用药；本质上解决问题，就像是我们的内服药。我们寻找痛点，实际上就是在找内服药，找到能药到病除的病因。

当你发现了本质上的问题，就要进一步找到解决它的要素。

我们来看看内服药的关键要素。当我们提到产品或者服务，或者说一种某个场景下的解决方案的时候，离不开三个要素：技术、人才和市场。

技术要素反映的问题包含了生产问题、研发问题和供应问题。

人才要素反映的问题包含了管理问题、向内管理、向外管理，向内管理的是团队，向外管理的是资源。

市场要素反映的问题包含了销售问题、价格问题、渠道问题。

我们用产品去解决痛点的时候，核心都离不开这三大要素的九个方面，如图5-6所示：

"内服药"的关键要素

- 向内管理，管理的是人才
- 向外管理，管理的是资源
- 为什么服务也需要解决生产、研发、供应问题？
- 因为好的服务也需要解决"标准化"的问题

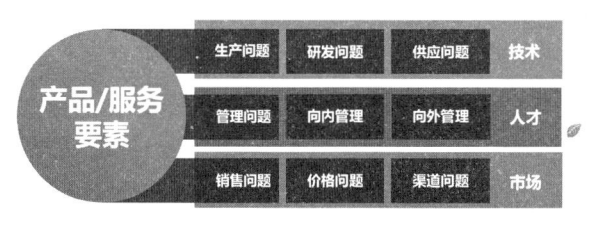

产品/服务要素	生产问题	研发问题	供应问题	技术
	管理问题	向内管理	向外管理	人才
	销售问题	价格问题	渠道问题	市场

非标准化的服务不值得探讨

图5-6 "内服药"九大要素

你可能会问：为什么服务也要解决生产、研发、供应的问题？因为我们要想服务得好，在服务规模扩大的时候，依然需要解决服务的"标准化"问题。

举个例子，为什么用户在海底捞所有门店感受到的服务是一样的？因为他们对服务员的服务进行了标准化。统一的培训，解决了服务质量不一致的问题。

那从事培训工作的人，是不是需要研发培训的教案呢？如果我自己没有这样的培训人员，是不是可以采购外部专业机构的培训服务呢？这就是服务的供应。

这个概念有点抽象，但是我希望同学们能够把服务本身当成一种虚拟产品，这样你就能够理解服务的技术要素了。

在这里我需要特别提醒一句：非标准化的服务不值得探讨。为什么呢？因为非标准化的服务，没办法预估它的成本，我们无法得出它真正的价值，或者制定价格。或者说它有太多的不确定因素，我们是无法提前预知的。

作业

到这里，我们的第一个作业来了：对你的产品进行人、货、场分析，用以小见大的分析方法找到问题本质，解决问题。

可以参考下面的框架来完成第一个作业，试着去填写这个框架。强烈建议大家写完第一个作业，再看下面的案例。

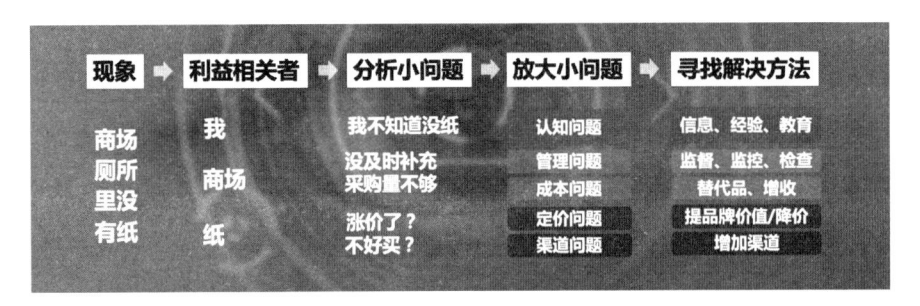

图 5-7　解决问题的框架

第二个作业，翻出第4课讲解的一句话产品介绍作业，和你刚才写完的作业对比一下，你上节课的作业——产品介绍，是不是你刚才分析出的痛点的解决方案？自己检查一下，如果不是，你需要重新调整产品介绍。

痛点分析案例

我们接着来看一个痛点分析案例。

大家应该都知道摩拜单车，它通过产品的创新和模式的创新，曾经以便捷的共享模式获得了很多轮的投资，最后被美团收购，变成了美团单车。那么我们来看看，摩拜当年是怎么样找到痛点的。

摩拜单车发现了一个什么样的痛点场景？

除了专业的骑行人员，普通大众骑一次自行车会不会骑10、20千米呢？肯定不会吧。那么也就是说，其实我们用到自行车最多的情况，是短途出行的时候。

人们出行方式的选择由钱和时间驱动

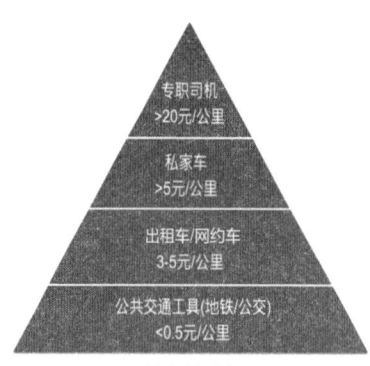

人们在交通工具上花费的时间与支付的费用成反比

最后一公里的难题，似乎还没啥好的解决方案：

- 私家车：费用高，停车难，加剧拥堵，尾气污染
- 出租车/网约车：费用高，难作为短途出行首选，尾气污染
- 地铁/公交：费用低但耗时
- 个人自行车：不方便及担心被偷
- 公共自行车：首小时免费，但车桩与集散点模式导致不确定性，时间和路程的浪费，以及密度不够的先天不足

所以，人们的短途出行依然不方便，交通越来越拥堵，环境越来越糟，心情越来越不好……

……用户需要一个既方便又经济且环保的短途出行方式

出行方式与成本：
- 专职司机 >20元/公里
- 私家车 >5元/公里
- 出租车/网约车 3-5元/公里
- 公共交通工具(地铁/公交) <0.5元/公里

图5-8　普通人出行的痛点

首先摩拜单车明确了产品的使用场景——短途出行。

那谁会是它的用户呢？我们都知道中国是一个自行车大国，骑自行车基本上是一个大家都会的技能，所以，摩拜单车不需要去论证谁是它的用户，直接给出了用户人群——短途出行的人群。

对于场景，摩拜单车用了一个非常巧妙的描述，叫解决"最后一公里"的难题。那什么叫"最后一公里"呢？举个例子，公交车很少能停在家门口吧。从你下车的公交站到家，还有一段距离，中间的距离，打车不合适，走路太费劲，这段距离，被定义了出来叫"最后一公里"。摩拜单车要解决的就是这"最后一公里"的出行难题。

上面的场景就是典型的"人在场景中找货"的痛点描述。换句话说，就是短途出行的人（人），在距离较近的路上（场），没有适合他的交通工具（货）。

摩拜单车是怎么论证的呢？它对几种人们常用的出行交通工具（不同货）进行对比，加强了自己的（货）的正确性，从而对"最后一公里"

的出行痛点进行了论证。

第一种（货），私家车：费用高，停车难，加剧拥堵，还会造成环境问题——尾气污染。

第二种（货），出租车/网约车：费用高，难作为短途出行首选，也有尾气污染。

第三种（货），地铁/公交：费用低但耗时间，你需要等待。

第四种（货），个人自行车：不方便停车的同时还担心被人偷。

第五种（货），公共自行车：首小时免费，但车桩与集散点模式导致不确定性，时间和路程的浪费，以及密度不够的先天不足。

它发现了在"最后一公里"的这个"场"里，没有比共享单车更好的"货"了。于是，它提出了，让用户方便地（百米之内）租借/归还自行车，用人人可负担得起的价格（每千米三五毛钱）完成短途出行，且健康环保。这是摩拜单车通过对比场景下的"货"得到的解决方案。

作业：附加题

今天的第三个作业，是一道附加题：写出你的用户痛点，用摩拜单车的同类"货"对比的论证方法，论证你的"货"的正确性或者必然性。

今天的附加题很难，希望大家尽力完成。这是一个推翻你之前建立的产品理论的过程。正所谓不破不立，在思考问题的过程当中，突破瓶颈，发现问题本质。

好了，本课时到这里就结束了，咱们下节课再见。

第6课

市场规模怎么估算

▼

欢迎来到本课时学习，这节课我们将解锁4W2H中的"Why now——为什么现在做？"。

在学习本章节课程的内容时，我希望大家带着4个问题来思考：

什么是市场？

市场都有哪些特征？

为什么要考虑政策因素？

如何知道本行业的市场规模？

这节课我们将从市场需求、政策导向以及市场规模三个核心部分展开。

关于赛道的选择

在开始正文之前,我先请你们记住一个数字:100亿元。

为什么这个数字很特别?因为它能够客观反映出你所从事的领域是否真正达到成为投资标的的标准。即你所从事的行业和领域未来市场规模大于100亿元以上,才是一个有投资价值和潜力的领域。

低于100亿元的市场被认为是发展潜力不足的市场,所以大家一定要清楚理解和知道你所从事的领域的市场规模到底有多大,这也决定了你公司业务的天花板有多高。

了解自己所从事的行业和市场潜力,既能帮助创业者更好地选择创业前景更广阔的赛道,同时也能让投资方看到该领域发展的潜力,并且能够判断出该领域投资价值的高与低。

如果在创业的初期,对市场规模的认知还是模糊的,很容易导致没有投资机构愿意投资的情况。比如选择的市场规模小于100亿元,可能造成创业初期最初选赛道时,就选择了一条并不值钱的赛道,也就达不到被投资的价值标准。所以,现在大家能理解为什么你的商业计划书一定要有一页对市场规模详细描述了。

在商业计划书的写作中,这一页通常可以用数据图表的形式来展现,同时总结出你的关键发现,来立论点支撑你对项目前景的描述。

大家在引用别人的数据时，要养成一个良好的习惯，就是标记数据来源。数据来源信息一般放在图表的左下角或者右下角，在不影响阅读的情况下，可以将字体缩小。这样做也能体现你的数据的严谨程度，增加投资者对你的信任。

理解市场

下面我先来讲讲什么是市场，了解了市场后，再接着讲市场规模。我们可以从以下维度去理解市场。

市场是商品交换的场所。在远古时期，没有货币的时候，人们通过以物易物的方式，满足自己的需求，例如我用我养的羊，换你的鸡下的蛋。虽然货币没有出现，但是已经形成早期的市场。

随着货币的出现，市场的总和变成了商品需求的总和。大家都需要解决衣、食、住、行等方方面面的问题。再后来，有了足够的卖方，也就是商品出售方，也有了足够的买方——商品需求方，这种买卖力量的集合，又为市场增加了一层新的含义。

随着社会的发展，生产关系越加复杂，比如说，渠道这个概念出现，于是商品流通的领域，也被我们称作市场。

总而言之，这种交换关系的总和，都是市场定义的范畴。

有了交换关系，市场形成的条件也就清晰了。首先，市场的形成需要存在可供交换的商品，也就是产品或者服务。其次，存在提供商品的卖方和具有购买欲望与购买能力的买方。这里的关键词是"购买欲望"以及"购买能力"。客户想要，需要，这是购买的欲望；客户花得起这个钱，就是购买能力。最后，具备买卖双方都能接受的交易价格、行为规范及其他条件。也就是说双方对商品的价格达成了一致的认识。

四种市场类型

那么新的问题来了：价格是谁来定的呢？到底是卖方定的还是买方定的？其实都不是，价格是由市场来定的。

在宏观经济学中，市场被分为了4类，如图6-1所示：

	市场类型	卖家数量	产品区别	技术壁垒	定价权	价格外竞争	举例
1	完全竞争市场	卖家多	同质化	无	被动	无	民宿
2	垄断竞争市场	卖家多	明显区别	低	主动	有	酒店
3	寡头市场	卖家少	明显区别	高	主动	有	新能源汽车
4	垄断市场	唯一卖家	无同质化	高	主动	有	电力

图6-1 市场的类型

完全竞争市场

第一类，完全竞争市场。在这个市场里，卖家数量很多，提供的产品也是同质化的，所以在这个市场里，定价的权利，是被动的。除了价格，你也没有什么其他的优势。例如我们日常都会用到的抽纸，基本用途都一样，外观也都差不多，基本上也没有什么技术壁垒，大大小小的生产厂家很多。

在完全竞争市场，消费者在选择的时候，面对的基本是同样的东西，谁家的便宜，消费者就买谁家的。如果卖家一意孤行，同样的东西，别人卖50块，你非要卖100块，会不会有人买呢？一定不会的。

再举个例子，小王开民宿，他就想：我自己的民宿，想卖多少钱一晚，就卖多少钱一晚。于是，他在某民宿平台上，定价390元一晚。他算了一下成本，房租每月6200元，除以30天，其他成本不计，每天只要卖207元，成本就回来了，定价390元，每天还能赚183元，一个月利润就是5490元，是不是很美啊。但是小王发现当他定这个价格的时候，房子基本无人问津。旁边的快捷酒店，一晚上才定价220元。

后来小王发现，只有他把价格降到了180元以下，才会有客人选择他的民宿，而且还不能保证每天都有人住。一个月30天，只有18天房间是有客人预订的。这账一算，房租都赚不回来，每个月要亏损2960元，最终，他然灰溜溜地不做民宿了。

看到了吗，在一个完全竞争的市场里，你的价格，其实并不是由你决定的，是市场供需决定的。

垄断竞争市场

第二种市场类型，垄断竞争市场。这种市场中卖家数量也多，但是他们的产品是有明显区别的，技术壁垒低，他们有主动定价的权利。除了价格之外，卖家也有其他的竞争优势。

比如说，酒店，也分了五星级酒店、快捷酒店等各种档次。这些酒店实际上都是由几大酒店集团控制的，他们的技术壁垒低，门槛除了资金外也比较低，但是定价权掌握在他们手里。

寡头市场

第三类市场，寡头市场，卖家数量少，产品也有明显的区别，技术壁垒高，定价权掌握在卖家手里，除了价格，也有其他的竞争优势。

例如，新能源汽车，因为造车的门槛非常高，涉及电池、外观造型，等等的各项技术，技术壁垒是很高的，同时还有品牌价值的加持。这也是为什么具有寡头地位的新能源车企能通过降价来提升销量。

垄断市场

第四类市场，垄断市场，在整个行业里，只有1个卖家，产品是独一无二的，技术壁垒也很高，卖家掌握着定价权。

当然，因为垄断市场的定价权完全在卖家手里，所以也会带来一定的危害。比如说，当我们饮用的水被垄断，价格由唯一卖家控制，如果这个价格定得过高，危害将会很大，百姓生活将苦不堪言。这也是国家反垄断法律法规出台的必要性，要从法律层面预防和制止垄断行为，达到利国利民的效果。

市场规模

了解了市场与定价的关系，那我们看看到底什么是市场规模，以及研究市场规模时我们的目标是什么。

市场规模，也就是市场容量，研究的是某个产业或者行业的整体规模。这里面包含了目标产品或行业在指定时间内的产量、产值等，具体数字根据人口数量、人们的需求、年龄分布、地区的贫富差异调查求得。

市场规模的大小与竞争激烈程度直接决定了对新产品设计开发的投资规模；市场规模是对人们需求量的预估。简而言之，市场规模分析就是研究市场有多大、前景如何。

那在商业计划书中，我们研究市场规模，到底有什么意义呢？如图6-2所示，它的意义无疑是重大的。

市场规模的意义

资方	项目方
✓ 判断目标市场真实性的参考	➡ 说明项目的可靠性
✓ 判断公司未来估值的基础	➡ 说明项目的发展潜力
✓ 判断公司未来前景的计算基础	➡ 说明发展的量化能力

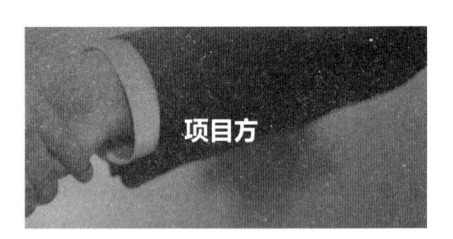

图6-2 研究市场规模的意义

对于投资方而言，市场规模研究是判断目标市场真实性的参考。相对应的，项目方需要在市场规模研究中说明项目的可靠性。同时，市场规模研究又是判断你公司未来估值的基础，项目方需要在市场规模研究中说明项目的发展潜力。最后，市场规模也是资方判断公司未来前景的计算基础，项目方需要在市场规模研究中说明对项目发展的量化能力。

大家看到了吗？研究市场规模能说明真实的市场、真实的项目、真实的需求，市场规模是项目方讨价还价的本钱，以及说明你为什么这么值钱的依据。所以，我们需要让数据说话，让你的计划书更权威。

市场规模有多大？让数据说话

在市场规模这部分内容的写作中，我们写的是什么？说白了，写的是证据。那么，如何证明市场规模足够大，市场信息足够不平衡，市场需求未得到满足呢？有理有据，追根溯源，科学分析。

市场规模的证据
What's the proof

如何证明市场规模足够大？
如何证明市场信息足够不平衡？
如何证明市场需求未得到满足？

有理有据
追根溯源
科学分析

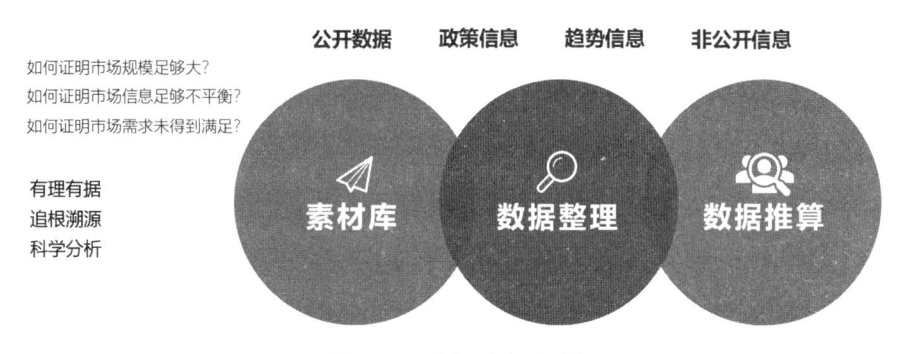

公开数据　政策信息　趋势信息　非公开信息

素材库　　数据整理　　数据推算

图6-3　印证市场规模

首先，搭建素材库，让数据说话。数据有两种。一种是公开数据，我们可以通过搜索工具，比如百度、搜狗等这样的搜索引擎，找到这样的公开数据。这些数据大家都搜得到。

还有一种数据是无法直接获取的，也就是非公开数据，或者说是没有现成的数据的，我们要通过演算和推导得出需要的那部分数据。

搭建素材库，让数据说话

图6-4　搭建素材库的方法

我们先来看看公开数据的部分。如何用搜索引擎来获得数据呢？怎样抓取和你有关的数据呢？需要我们通过设置关键词来检索。

搜索的关键词可以是时间段＋属性＋数据类型，例如输入"2017—2021　卸妆产品　销售数据"。

在这里输入时间的时候，我们要注意的是，尽可能输入过去某时到现在的一个时段，一般是3~5年。因为当我们看数据的时候，是要有对比的，多年的数据对比能让我们清楚看到现在比过去有更大的增长，还是减少；是每年递增的，还是每年递减的。这里提到的增长可以用一个专业词汇来描述，即CAGR（compound annual growth rate），年复合增长率。它是衡量在特定时间段内，每年的投资收入的指标，也是判断项目增长潜力的关键数据。有了不同年限的数据，我们才能更清晰地看到对比。

属性这块，输入行业或者你要做的产品或服务的类别，比如你是做连锁餐饮的，那你需要获得的就是餐饮行业的数据，输入"餐饮"；你是做美妆的，就输入"美妆"。产品也是一样，比如你的产品是卸妆产品，就可以输入"卸妆产品"。

最后，在数据类型的板块，我需要解释一下。市场分析、报告、洞察类文件中的数据一般是一些调查研究公司整理出来的数据；一般行业的白皮书是头部的公司联合科学家、学者发布的，有时候它也是一种公关策略，通过开放自己平台或者行业的数据来寻求更多的合作与资源；学术研究数据也是具有参考价值的。

我们来举一个搜索的实例，比如说打开百度，输入"2017-2021 卸妆产品 销售数据"，我们就可以得到以下搜索结果：

图6-5 百度搜索数据示例

我们打开每一个相关结果的链接，查看对应的数据。基本上每一个链接中出现数据时，都会提到该数据的出处，大家在提炼自己行业市场规模数据的时候，一定要记录好每个数据的出处。

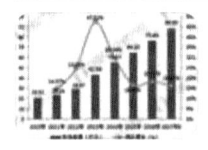

比如说，下面的第二条搜索结果，我们可以看到，"前瞻产业研究院《2018-2023年中国化妆品行业市场需求预测与投资战略规划分析报告》"这样的机构名称+报告名称的说明。大家一定要记录好这些数据来源，方便我们后续的使用。

图6-6　记录数据的出处

我们的搜索不能仅仅依赖搜索引擎，要去更多的网站搜索，比如说打开产业调研网，输入"2021-2027 卸妆产品 销售数据"，我们就可以得到以下搜索结果：

第6课　市场规模怎么估算

图6-7　产业调研网搜索示例

搜索的结果可能还会出现一种现象：提示你购买数据报告查看相关更多数据，看到这样的报告，可以直接忽略。

我推荐几个常用的搜索网站，有些是部分付费的，有些是免费的，供大家参考：

（1）查找国民经济和社会发展统计相关的数据，可以去中国统计信息网。

（2）民生相关统计可以去国家统计局的官网查看，全部免费。

（3）各行业相关数据，我们可去中国产业信息网查看，全部免费。

（4）少部分行业数据需要和外国做对比的，英文好点的可以去外国政府公开数据官网查看，也是全部免费。

除这些外，第三方研究机构也会出各行各业的报告，比如艾瑞咨询、发现数据、洞见研报、CBN Data、前瞻经济学人等的网站数据，有免费的，也有付费的，但是付费的金额都不会太高，大家也都能接受得了。

数据源靠谱的网站：

中国统计信息网	www.tjcn.org	国民经济社会发展统计	部分免费
国家统计局	www.stats.gov.cn	民生相关统计	全部免费
中国产业信息网	www.chyxx.com/data	各行业相关数据	全部免费
美国政府公开数据	www.data.gov	经济、消费、教育、医疗、农业等多个领域统计	free
艾瑞咨询	https://data.iimedia.cn/data-overall.jsp	大企业数据、行业数据、人群洞察数据	部分免费
发现数据	https://www.fxbaogao.com/data	行业与企业向光数据统计	付费
洞见研报	https://www.djyanbao.com	行业研究	付费
CBNData	https://www.cbndata.com/home	消费相关报告	免费
前瞻经济学人	https://www.qianzhan.com/analyst/	行业分析，行业报告	部分免费

图6-8　数据可靠的网站

作业1

今天的第一个作业：利用搜索工具，搜索出你所在行业近3~5年的发展相关数据，并做成如图6-9所示的表格。大家一定要认真完成这个作业，你会有惊人的发现。

对于要完成BP的同学，你们的任务重了。今天的第二个作业：利用搜索工具，搜索出你所提供产品或解决方案的用户数量、平均消费水平、头部企业的用户数量、各企业当前市场份额占比等用于论证市场真实性的关键数据，整理在Word文档中，注明数据出处以及网站地址。

例如：2017-2021 化妆品消费 数据

关键数据	数据出处	证据价值	网站地址
2021年中国化妆品行业将迎来增长，预计市场规模达到4781亿元，2023年市场规模预计将增至5125亿元。	艾媒咨询《2021年中国化妆品用户消费行为数据分析》	发展潜力巨大	http://k.sina.com.cn/article_1850460740_6e4bca4402000tkcc.html
……	……	……	……

图6-9　行业数据整理

数据的应用

接下来我们学习数据的应用。我们回忆一下，××体育APP的其中一个很重要的功能，叫场馆预约。对于设计这个功能，我们首先要论证：现阶段有多少这样的场馆是我们可以合作的？他们凭什么把场馆交给我们来安排预约？

在收集了相关的数据后，我们得到体育馆数量庞大、利用率低的结论。全国体育馆总数高达百万，很多体育馆平均每周使用少于500人次，每周使用人次超过5000的场馆占比只有8.2%，场馆整体利用率较低。

整理了体育场馆运营的数据之后，我们又发现，59%的场馆都是不对外开放的，除了偶尔组织一些大型赛事或者比赛活动之外，一周内大多数时候几乎无人使用，处于闲置状态。我们得出了结论：场馆运营收入几乎为0。

我们又查阅了过去5年新增的足球特色学校的数据，发现截至2019年12月，全国校园足球特色学校在原有5000多所的基础上，发展到27059所，并且到2025年，将达到5万所。这里在右下角我们标注了数据的出处：兴业证券研究所。

同时，我们还通过第六次全国体育场地普查数据，得到了全国各系统体育场地占比情况，来论证体育场馆可用的资源数量。

这样，在这次的闲置公共资源论证中，我们引用了多重维度的数据，验证了：（1）体育场馆数量大，利用率低。（2）很多场馆运营收入几乎为0。考虑到体育场馆的成本，我们可以很好地证明，××体育能成为这些场馆销售的渠道之一。这样也就验证了，××体育APP的场馆预约功能出现的必然性。

估算市场规模

我们除了可以直接从公开信息中搜集到数据之外，有些行业的市场规模数据不是现成的，这时候不要放弃，要通过其他方式论证得出需要的数据，其中一个方法就是用科学的方法估算。

这节我们重点学习市场规模估算方法。市场规模的计算方法有5种。

第一种，源推算法

这里的源，大家可以理解为催生本行业的源头行业。鸡生蛋，蛋生鸡，想知道多少鸡出生，数数有多少蛋就知道了。

源推算法估算市场规模的公式如下：

$$目标行业市场规模 = \frac{源行业市场规模}{源行业产品均价} \times 目标行业产品均价 \times 两行业产品数配比$$

给大家举个例子，建筑材料、家具、家电等产业都很大程度依赖房地产行业，只要知道了房地产的数据，这些行业的市场规模便可以估算出来。

假如你属于家具、家电行业，那你的源行业数据可以是房地产行业数据。

假如你的产品是餐饮服务机器人，那你就可以从餐饮业获得数据源。

公式里的两行业产品数配比怎么理解呢？比如说你卖冰箱，那对应到房子上，一套房子通常会放几个冰箱呢？是不是1台冰箱？那这个产品数配比就是1比1，等于1。如果你是卖餐饮服务机器人，一家餐厅需要几个机器人呢？如果2个足够用了，那产品数配比就是2比1，即2。如果是2家餐厅共用1个机器人，那产品数配比就是1比2，等于0.5。这个大家应该能理解吧。产品数配比就是目标行业产品数/源行业产品数。

第二种，强相关数据推算法

第二种估算方法叫强相关数据推算法，这种算法与源推算法相似，但略有不同。不同的是你的目标行业并没有办法追溯到任何源头行业，或者就算追溯到了源行业，也没有该行业的数据。这时，我们就要用到强相关数据推算法了。

这里的强相关，我们可以理解为两个行业的产品的销售有很强的关系。比如，每套房子都会配置沙发等家具，空调和冰箱等家电；买了球拍必然也要买相应的球，羽毛球拍对应的是羽毛球，乒乓球拍对应的就是乒乓球。

两个行业之间的产品有一定的相关性，产品的销售也有一对一或者一对多的固定比例关系。如新买羽毛球拍，必然要买羽毛球，羽毛球是按桶卖的，一般是一桶12个。

强相关数据推算法估算市场规模的公式如下：

$$目标行业市场规模 = \frac{相关行业市场规模}{相关行业产品均价} \times 目标行业产品均价 \times 两行业产品数配比$$

如果你想计算出羽毛球的市场规模，这里的两行业产品数配比就是12（羽毛球数）比2（球拍数），得到6这个数值。

第三种，需求推算法

市场规模的第三种估算方法——需求推算法，是根据产品的目标人群的需求，来测算目标市场的规模。这个方法适用于目标人群或者需求较为明确，目标人群需求数据也相对比较容易获得的情况。

比如，估算淘宝商家的增值服务的市场规模，目标人群就是淘宝的这些商户，商户的数量是比较容易获取的数据，此时只需要知道目标人群购买的比例和均价就可以计算出目标市场的规模。

需求推算法估算市场规模的公式如下：

$$目标行业市场规模 = 目标需求人群数量 \times 购买率 \times 目标行业产品均价$$

第四种，抽样分析法

市场规模的第四种估算方法——抽样分析法，对计算的要求比较高。

因为抽样法需要的样本量大，耗财耗力，一般大型机构才会采用此方法，我们只做了解即可。

抽样分析法估算市场规模的公式如下：

$$目标行业市场规模 = \frac{购买数}{样本数} \times 购买个数 \times 样本平均价格 \times 总体数$$

第五种，典型反推法

市场规模的第五种估算方法——典型反推法，需要使用者在本行业内从事相关工作多年，或是对行业的发展有敏锐的嗅觉，是对行业经验要求比较高的一个方法。

行业的演进和发展都会经历三个阶段：第一个阶段，散点市场，特点是市场集中度低，品牌多，各品牌的市场份额较低。第二个阶段，块状同质化市场，特点是市场集中度迅速上升，呈现寡头垄断结构。第三个阶段，团状异化市场，特点是黑马频出，领先企业的市场份额有所下降。

典型反推法估算市场规模的公式如下：

$$目标行业市场规模 = \frac{单品牌销售额}{该品牌市场份额}$$

这个方法的关键是，获取龙头企业的销售额和市场份额数据。某个品牌的销售额数据一般通过一些渠道可以获取，但是市场份额数据则全凭个人经验判断，一般龙头企业的市场份额在3%~30%，具体数值需要根据行业发展阶段而定。所以，这种方法要求较高，我们做简单了解即可。

作业2

今天的第三个作业：从前三个公式中，找到适合你计算市场规模的公式，利用第二个作业搜集到的数据，估算出你的目标市场规模。

好了，本课时到这里就结束了，咱们下节课再见。

第 7 课

政策分析，顺势而为

欢迎来到本课时学习，这节课我们主要展开介绍创业者如何进行政策研究。我希望你们带着以下问题，阅读本章内容：

我们为什么要研究政策？

政策对我的企业有什么样的帮助？

怎样判断政策是否对我的行业有利或弊？

我该从哪里获得相关政策信息？

四个大产业和九个小产业

讲正题之前,我们首先需要了解政策解读的重要性。同学们都听过"宏观调控"这个词吧,宏观调控是政府通过行政手段、经济手段、法律手段等,对经济运行状态和经济关系进行的干预和调整,以保证经济结构平衡和国民经济的持续、快速、协调、健康发展。它像是一只无形的大手,通过货币政策和财政政策等对市场经济进行干预和调整。这些政策里面包含了产业政策、信贷政策、税收政策、价格政策、产品购销政策、利率政策、汇率政策等。

当然了,这里面和我们创业有直接关系的,就是产业政策。

产业政策的解读相当于是对市场经济发展的研究。

产业政策是对产业发展的周期性、合理、合法性的健康指导。

可能有同学会问了:产业政策、行业和我有什么关系?我们来看看图7-1。

经济的范围最大,包含了不同的产业,每个产业里包含了不同的行业,每个行业里又包含了不同的企业,每个企业里又包含了不同的职业,在不同的职业里,又包含了不同的专业。我们写商业计划书需要理解产业、行业、企业的关系。

经济或者说广义的商业里包含了4个大产业,第一产业农业、第二

经济 ≥ 产业 ≥ 行业 ≥ 企业 ≥ 职业 ≥ 专业

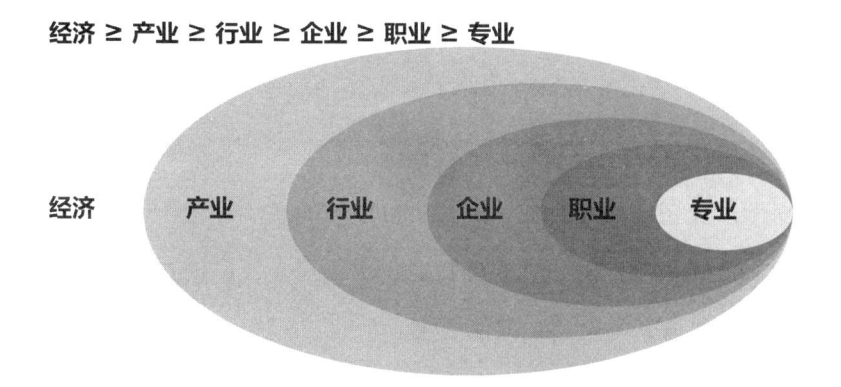

图 7-1 产业和行业的关系

产业工业、第三产业服务业、第四产业信息产业。

在这四个大产业中，我们又细分出了9个子产业。这里面包含了基础工业、建筑业、加工业、制造业、健康产业、狭义商业、文化产业、科教产业以及互联网产业。

在这9个子产业中，我们又细分出了30个行业以及更多的子行业。

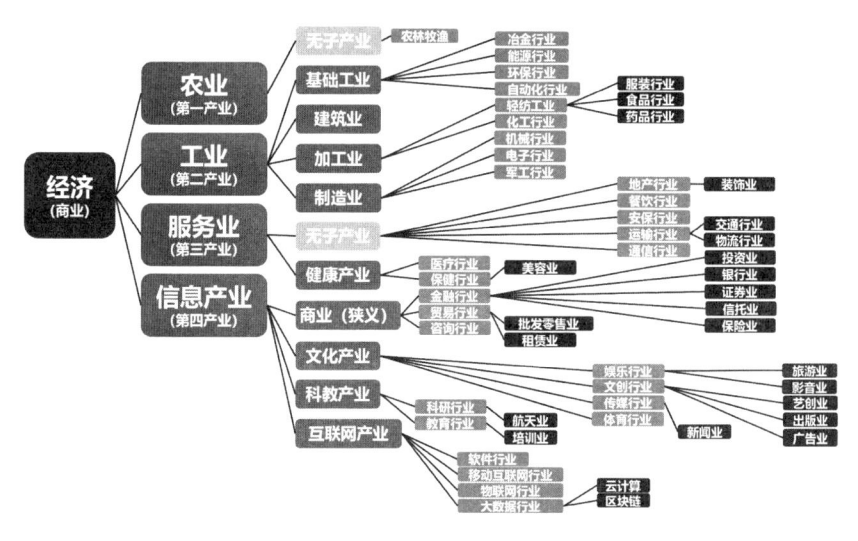

图 7-2 产业大类与小类

可能很多同学就有疑惑了：建筑不是行业吗，怎么这里变成产业了呢？在这里我需要说明一下，在不严格的情况下，有的行业也叫产业，有的产业也叫行业。

一个产业包含多个行业，但一个行业只能属于一个产业。产业是行业的总和。如信息产业包含媒体行业、出版业、互联网行业，但后者只能属于信息产业，不会属于其他产业。

理解了这层从属关系，我们就能更清楚地从政策层面来分辨，创业项目是否和你所处的行业或者产业有关，有利于创业者从众多政策中找到相关的有利政策。

作业1

本节课的第一个作业来了：

追根溯源，列出你所从事的行业所属的子产业及主产业。

例如，旅游业属于娱乐行业，属于文化产业，属于信息产业。

这个作业很重要，如果你并不了解所从事的行业所属的产业，可能会导致你无法从庞大的政策信息中找到和你有关的政策信息。所以不要觉得这个作业很简单，它直接关系到你获取信息的方向正确与否。

政策信息解读与获取

按照制定级别，政策从高到低分为全国性政策、区域性政策、地方性政策。这些政策在执行上通常是自上而下，逐级推行。在政策解读时，我们可以据此找到主次规律，能够系统了解各政策的执行落地模式，从而找到突破口。

全国性政策 ➡ 区域性政策 ➡ 地方性政策

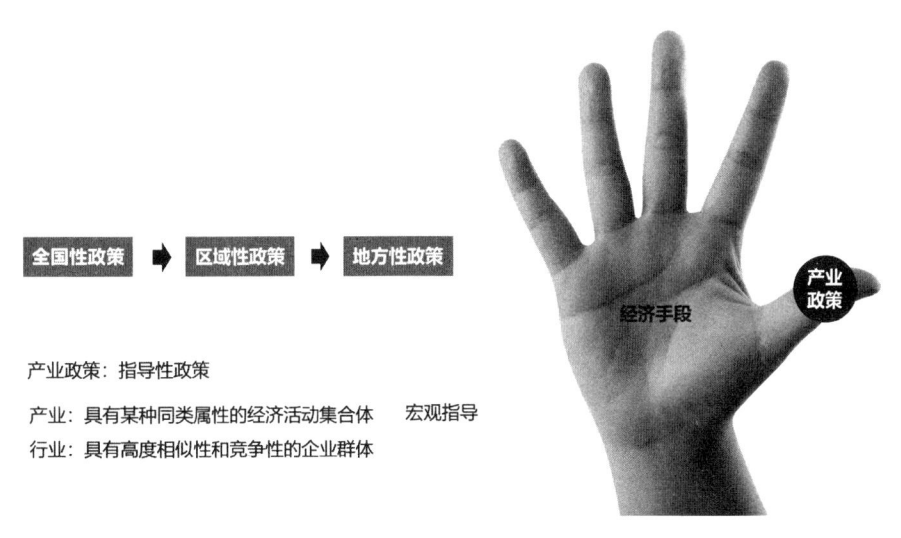

产业政策：指导性政策
产业：具有某种同类属性的经济活动集合体　宏观指导
行业：具有高度相似性和竞争性的企业群体

图7-3　政策解读的主次

接下来给大家推荐两个时政信息的获取渠道。

第一个，国务院APP，帮你掌握一手时政信息。这里面都是权威发布的一手时政信息。里面还有强大的搜索功能，可以通过搜索国务院政策文件库，获得你所处行业管辖部门发布的历史政策，包含国务院文件、国务院各部门文件。大家可以下载后探索学习。

第二个，"学习强国"APP，让你掌握一手政策执行案例信息。权威发布一手政策执行案例信息。该应用主要包含了要闻、新思想以及搜索功能，里面可以找到正确的政策解读、新规解读以及行业产业相关的专题解读，帮助大家更清晰理解相关政策。

图 7-4 "学习强国"APP

作业2

本章的第二个作业：主动探索国务院下设的部门有哪些，官方网址是什么，按照下列格式制作表格。

表 7-1 国务院下设部门统计

序号	部　　门	网　　址
1		
2		
3		
…		

这个作业也很重要，一定要主动探索完成，这将有助于你获取权威的一手政策信息，能起到提前防范和规避风险的作用。

解读政策，顺势而为

了解了如何找到创业项目的归属产业，以及政策学习的渠道，接下来我们进入商业计划书写作政策部分的素材库搭建的学习。

当我们给投资方看商业计划书的时候，涉及政策的部分，会需要向投资人证明我们的行业和项目是政策支持并鼓励的。

在研究和分析完相关政策后，如果你得出创业项目是不被政策支持的，建议你重新思考创业方向。

那么，我们怎样来佐证创业项目所属行业是受政策支持和鼓励的呢？我们可以从正向支持与反向管制两方面来佐证。

正向支持的证据方面，我们需要重点关注各部门下发的"十四五"规划指导工作文件，发现里面对自己项目有利的支持政策。反向管制的证据方面，我们需要重点关注针对相关行业的通知。对于某些行业，政策上可能没有明确规划，但会以通知的形式告诉你，哪些你不能做。

同样的，我们对于政策信息的抓取，也可以通过搜索引擎的关键词来进行，和市场规模信息的抓取方法相同，输入"时间段+属性（某某行业/产业）+数据类型（规划、解读、政策清单、计划、指导意见、通知等文件类型）"。例如，"2017-2021文创产业规划"。

案例1

接下来我们看一个实际案例，看看在实际的项目中，是怎样论证政策支持这一关键点的。

还是回到前面提到的××体育这个项目当中来。我们通过对历史政策的研究，发现2016年印发的《青少年体育"十三五"规划》中，国家体育总局明确提出，每20000名青少年拥有一个青少年体育俱乐部，建立和完善学校、社区、家庭相结合的青少年体育网络和联动机制，支持各地塑造体现区域特色、优势的青年体育品牌活动。

同样是2016年，《教育部关于进一步推进高中阶段学校考试招生制度改革的指导意见》提出"要将体育科目纳入录取计分科目，科学确定考试分值或等级要求，引导学生加强体育锻炼"，提高了体育科目的地位，为社会体育培训机构进校园提供了依据和支持。

再到2018年，体育总局、教育部等7个部门联合印发《青少年体育活动促进计划》又一次提到"鼓励社会力量参与、创建各类青少年体育组织"。2018年，还出台了《全国青少年足球体教融合发展政策清单》，明确了社会青训机构的作用、服务及奖励政策。

再到2020年，教育部等七部门印发的《全国青少年校园足球八大体系建设行动计划》明确提出全国青少年校园足球要建设八大体系，并提出了主要任务和保障措施。

从这些历史文件中，我们都能找到政策对青少年体育的支持。

通过政策解读，我们首先明确了，××体育定位青少年体育产业是符合国家发展需求的。

我们再来看××体育的场馆预约功能是否有政策的支持。根据全国青少年校园足球工作领导小组办公室统计，截至2018年9月，全国各级各类学校共有校园足球场地120960块，截至2020年全国足球场地新增总数超过6万块，累计总数超过18万块。

教育部和国家体育总局联合印发《关于推进学校体育场馆向社会开

放的实施意见》，提出具备条件的学校要积极推进体育场馆开放。当前，全国各地都在积极推进校园足球场地等体育场地向社会开放。

体育场地越来越多，开放程度逐步提高，体育场地预约需求就会越来越多。综上，从政策层面，我们又得到了对项目"场地预约"功能的支持依据。

案例2

我们再来看一个案例，电竞产业，也是产生很多争议的产业。投资人肯定会担心国家政策对该行业不利，我们通过对政策的搜索，发现影响电竞产业的三条重大国家政策。

2016年7月13日，国家体育总局发布的《体育产业发展"十三五"规划》指出，以冰雪、山地户外、水上、汽摩、航空、电竞等运动项目为重点，引导具有消费引领性的健身休闲项目发展。

2016年10月28日，国务院办公厅发布《关于加快发展健身休闲产业的指导意见》，明确指出要推动电子竞技、极限运动等时尚运动项目健康发展，培养相关专业培训市场。

2017年4月，原文化部发布了《文化部"十三五"时期文化产业发展规划》，提出推进游戏产业结构升级，推动网络游戏、电子游戏等游戏门类协调发展，促进移动游戏、电子竞技、游戏直播、虚拟现实游戏等新业态发展。

通过对这些政策的查找和分析，我们得出了国家体育总局及相关政府机构自2003年至2019年以来陆续出台相关政策支持电竞产业的发展的结论。

图7-5 电竞产业的政策支持

案例3

任何一个行业的政策变化,都不是突然到来的。我们以"双减"政策为例,来看看关于校外培训机构的政策是如何一步步出台的。

通过国务院官网,我们可以查到,教育部最早发布校外培训机构治理整改通知是在2018年11月26日,"双减"政策正式发布之前就已经透露出了端倪。

回顾过往的政策,你会发现"双减"政策出台的必然性。

2018年2月,《教育部2018年工作要点》提出制订深化义务教育教学改革的意见。同年12月,教育部等九个部门联合发布《中小学生减负措施》,俗称"减负三十条"。

2019年2月,《教育部2019年工作要点》提出加快建立校外培训机构治理的长效机制,进一步为中小学生减负。3月,教育部办公厅发布《关

三部门联合印发《关于健全校外培训机构专项治理整改若干工作机制的通知》

2018-11-26 15:01 来源：教育部网站

强化部门联合执法 加快校外培训机构专项治理

——教育部、国家市场监管总局、应急管理部三部门办公厅联合印发《关于健全校外培训机构专项治理整改若干工作机制的通知》

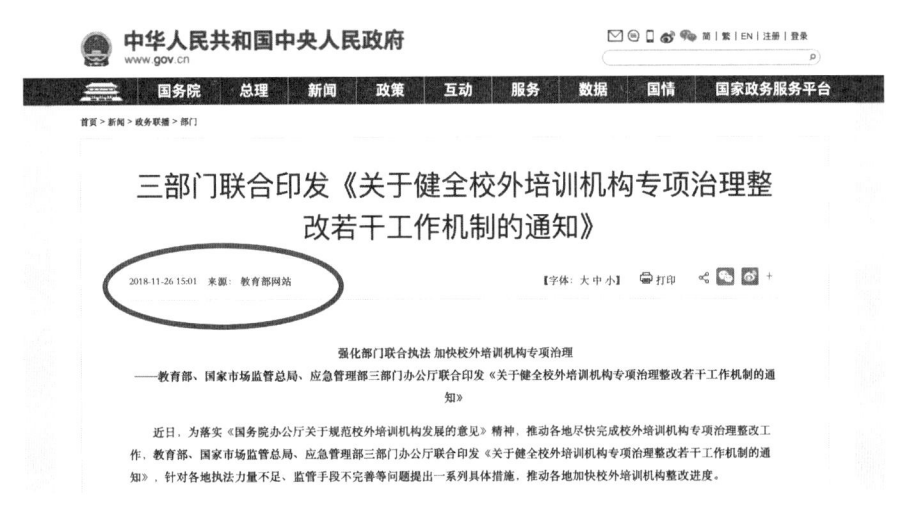

近日，为落实《国务院办公厅关于规范校外培训机构发展的意见》精神，推动各地尽快完成校外培训机构专项治理整改工作，教育部、国家市场监管总局、应急管理部三部门办公厅联合印发《关于健全校外培训机构专项治理整改若干工作机制的通知》，针对各地执法力量不足、监管手段不完善等问题提出一系列具体措施，推动各地加快校外培训机构整改进度。

图 7-6 政策发布

于做好 2019 年普通中小学招生入学工作的通知》，明确要求坚决斩断校外培训机构与学校招生入学挂钩的利益链。4月，《关于禁止妨碍义务教育实施的若干规定通知》提出五条禁止妨碍义务教育实施的规定。5月，教育部办公厅发布《教育部办公厅关于开展校外培训机构专项治理"回头看"活动的通知》。7月，《关于做好 2019 年中小学生暑假有关工作的通知》发布，提出加强校外培训监管，坚决防止违规培训行为的发生。

所以，从 2018 年到 2019 年，我们已经可以看到整个教培行业发生的变化了。

我们再来看看 2019 年到 2021 年又出了哪些政策。

2019 年 7 月，《关于规范校外线上培训的实施意见》要求 2019 年 12 月底前完成对全国校外线上培训及机构的备案排查。同年 11 月，《教育移动互联网应用程序备案管理办法》发布。2020 年 5 月，《义务教育六科超标超前培训负面清单》发布，教育部要求依据负面清单严肃查处超标超前培训行为。6月,教育部联合市场监督总局出台《中小学生校外培训服务合同(示范文本)》。10月,教育部办公厅、市场监管总局发布《关于对校外培训机构利用不公平格式条款侵害消费者权益违法行为开展集中整治的通知》

2021年1月,全国教育工作会议指出,要大力度治理整顿校外培训机构。7月,《关于进一步减轻义务教育阶段学生作业负担和校外培训负担的意见》提出,学科类培训机构一律不得上市融资,严禁资本化运作。

政策回顾#2018-2019

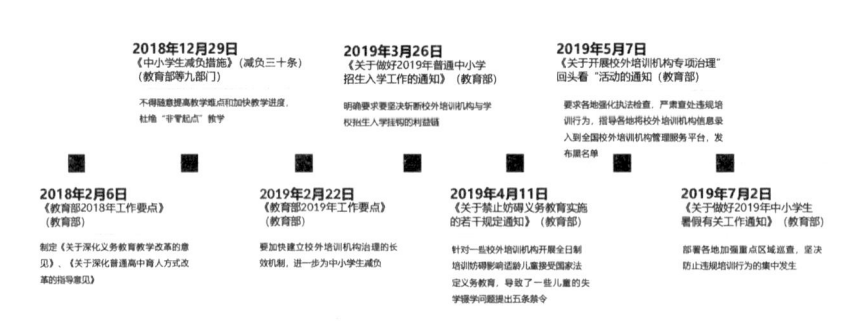

图7-7 政策回顾

从教育部单独发文到联合市场监督总局等部门发文,通过各种意见、通知、办法等,我们便能预测到今天教育培训行业的变化。这也是为什么研究政策对每一个创业者这么重要,每个创业者都要学会顺势而为。

作业3

本节课的第三个作业来了:

整理你的创业项目相关行业近3年的政策文件。

第一个要求：按时间线由远到近的方式整理。

第二个要求：找出政策中和你的项目相关的关键语句。

第三个要求：注明出处及相关阅读链接。

第四个要求：通过一页PPT，将你所查到的能给自己的项目提供政策支持的关键语句，简明扼要地写出来。

这个作业大家一定要做，这关系到你的创业项目是否能得到政策的鼓励和支持。亲自把这些政策找出来，你就能够很清晰地看到你是在顺势而为，还是在逆流而上。还不知道自己想在哪个行业创业或者自己的创业项目很难归类行业的小伙伴，请练习整理电竞行业相关的政策文件。

好了，本课时到这里就结束了，咱们下节课再见。

第8课

商业模式板块应该怎么写?

▼

欢迎来到本课时学习,这节课我将解锁4W2H中的"How——你打算怎样做?",这是4W2H原则中非常重要的一节内容。

商业模式很大程度上决定了创业项目的生死存亡。一个好的商业模式可以让创业者在面对困难时迅速找到解决方案,而不是无助地挣扎。

我希望你们带着下面几个问题阅读本章内容:

你的目标客户是什么?

你的产品或服务有什么独特的价值?

你的收入模型是什么?

哪些公司和机构可以帮你实现商业模式?

首要问题——商业的核心主框架

在开始正文之前，我希望大家思考一个问题：如果让你开始做一个项目，在讨论你打算怎么做的时候，你的第一反应是什么？

A.我要去注册公司；

B.我要去跑业务；

C.我要找到我的目标用户；

D.我要赚到第一桶金；

E.我要招聘人才为我赚钱。

这些都是普通老板第一反应，如果你的答案是其中任何一项，都没有错。但是当我们把这个话题放在商业计划书的写作中时，你会发现，这些答案显得很幼稚。为什么这么说呢？我来给大家分析一下。

选项A是"我要去注册公司"。注册公司只是我们做生意的其中一个小步骤，它并不能决定你的生意的成与败。

选项B是"我要去跑业务"。跑业务的基础条件是你先要知道自己的业务是哪些。在你没有摸透你的业务怎么赚钱的时候，盲目跑业务，只会拉高你的时间成本。最后可能发现你的努力，都变成了浪费时间。

选项C是"我要找到我的目标用户"。目标用户在哪里，是创业者们最容易忽视的问题，但是怎样获取用户，是我们在营销层面需要考虑的问题。即便你找到了你的用户，他愿不愿意买单，也是待考察的。

选项D是"我要赚到第一桶金"。这是一个非常好的目标或者愿景，但这不是一个正确答案。因为第一桶金是多少钱，概念模糊，没有量化。

选项E是"我要招聘人才为我赚钱"。这个想法非常好，有这个想法的人一定是具备老板思维的人，但是，招聘人才是一个目标，也是老板们在管理范畴中应该去讨论的工作，而不是我们思考打算怎样做的时候讨论的第一个问题。

那到底要思考的第一个问题是什么呢？答案是：商业模式。

为什么我们要先考虑商业模式，而不是上面的这些选项呢？

商业模式是一个商业的核心主框架，没有了这个框架，首先，你的产品就无法定策略，比如是自己建厂生产还是找人代工；其次，你也无法知道自己真正的盈利点在哪里，不知道自己靠什么赚钱；再次，在一个大产业里，无法明确自己的位置，为自己下一步谋发展；最后，没有目标，只能走一步看一步，很难走得长远。

本章我们会通过图8-1的这条逻辑线为大家厘清"你打算怎样做"板块，并侧重解读商业模式、产品策略、盈利模式、产业布局、发展规划，更清晰地让大家认识到为什么这些是商业内在的核心内容。

你打算怎么做？
How

我的商业模式应该怎样设计？
怎样通过产品策略体现差异化？
这些模式下我怎样赚钱？
未来我还会涉足哪些连带行业？
我具体的计划是什么？

策略　模式　规划　布局　品牌　产品

商业模式　产品策略　盈利模式

产业布局　发展规划

图 8-1　本章核心问题

什么是商业模式？

首先我们来理解一下什么是商业模式，我举例来说明。

例如，他种玉米，你养羊。他想换你的羊，但是你今天不想吃玉米，想吃牛肉，怎么办？

于是他找到了养牛的人，先用 10000 斤玉米换了一头牛，再用牛和你换了 3 只羊。在这三者的关系中，我们看到的交易是，10000 斤玉米换 1 头牛，1 头牛换 3 只羊。

在玉米和羊中间多了一层交易结构，对不对？你不想吃玉米而想吃牛肉，他想换你的羊就可以先用玉米换牛，再用牛换羊，所以说，商业的本质是交易，模式的本质是结构。

那么，商业模式的概念我们就很好理解了，就是利益相关者的交易结构。

概念我们清晰了，那商业模式板块该怎么写呢？我们可以思考三个问题：谁是行业的利益相关者？商业模式该如何创新？最后再想想，商业模式该怎样体现和表达？这是撰写商业模式板块重要的三个维度，我们也会通过这三个维度，为大家全方位展开。

商业模式怎么写？
How to write?

谁是你行业的利益相关者？
商业模式如何创新？
商业模式该怎样体现和表达？

商业模式　商业创新　模式设计　模式表达

利益相关者　模式创新　模式表达

图8-2　商业模式板块写作要素

什么是利益相关者？

在这里我以列表的方式，举几个例子来说明什么是利益相关者。

表8-1　利益相关者案例

案　　例	描　　述
楼下老李卖烧饼，进货价3元，5元卖出去，赚2元差价	老李的烧饼摊、烧饼的供货商和买烧饼的客户，就是一组利益相关者
李阿姨拥有3套房子，把房子出租出去赚租金	李阿姨、租户就是这样里面的利益相关者
地产中介公司业务员给客户介绍房子，成功后收取房子成交价格1%作为佣金	中介公司、业务员、客户、房主就是利益相关者

续表

案　　例	描　　述
猎头推荐人才给别的公司，成功后收取人才年度工资的15%~25%作为佣金	猎头公司、人才、客户公司就是一组利益相关者
保险销售员向客户推销保险产品，客户购买保险时需交纳保险费，客户出险后保险公司按照规定赔付，保险费大于赔付额则保险公司赚钱	保险公司、保险销售员、客户就是一组利益相关者
视频公司采购版权方的电影电视版权，通过卖VIP会员赚钱	视频公司、版权方、平台用户就是一组利益相关者

从表8-1我们可以看到，股东、客户、员工、供应商，甚至是帮你送货的物流，所有和你生意相关联的人，都是利益相关者。

作业1

本章的第一个作业来了：找出你所从事创业项目的所有利益相关者，画出现有利益相关者的交易结构。

商业模式的经典类型

接下来我们来学习商业模式的经典类型。这三种经典商业模式，影响和改变了很多行业。

零边际成本

第一种模式，零边际成本。这种模式下每多卖出去一个产品，几乎不会增加成本。典型的公司代表如微软，他们前期投入了大量的资金来研发自己的软件产品，如我们熟知的Office等办公软件，产品研发完成后开始推广销售。对于微软而言，软件开发出来后每卖出去一个产品，成本几乎不会增加，但是利润会增加。

再比如，我设计开发的商业计划书写作课程，也是利用了零边际成本的模式。我前期投入了大量的时间和金钱去研发课程，后期我每卖出一份课程，成本也几乎不会增加，但是利润会增加。这样的例子还有很多，这里不一一举例。

规模制胜

第二种模式，规模制胜。这种模式下我们可以把我们的产品或服务进行标准化复制，做强做大，比如星巴克、沃尔玛。

星巴克、沃尔玛等连锁企业产品的销售、服务、培训、研发、采购，都建立了一个标准化的流程，为的就是能将这一套流程复制到多个店铺，最终实现成本的有效控制，达到盈利稳定。在这种模式下，每多开一家店，他们就能多一份利润。

这两年资本对大消费行业投资的核心本质，就是规模制胜。只要你打造的店面能够标准化产品、服务，用系统来解决效率问题，满足规模化盈利的条件，那么获得资本的青睐并不是一件很难的事。

定制与直销

第三种模式，是定制与直销，这种模式叫C2B模式，也就是先有订单，然后再生产出产品。

典型的案例，就是早期的戴尔公司。戴尔早期的竞争对手是IBM，在电脑的生产与销售上，戴尔并不占优势，但是戴尔公司通过模式创新，提出了电脑定制服务，即先获得客户的订单，再生产销售产品，从巨头众多的电脑销售市场脱颖而出。

在互联网发展的过程中，出现了一个类似的模式，叫众筹。就是我先提出一个假设的产品，对它的成本进行核算，然后通过流量平台获取到订单，拿到钱，再去生产产品。

上面三种经典的商业模式分别从虚拟产品、实体店经营、实物产品的角度，对原来的模式进行了创新，从而抢到了属于自己的市场份额。这种创新一直到今天都还在发生着。

商业模式创新的本质

商业模式创新的本质，归根结底，是拉入更多利益相关者，设计一个更好的交易结构。接下来我们通过一个案例来学习如何设计一个更好的交易结构。

假如你是一家航空公司，想为客户提供更好的服务，自己还能多赚钱，怎么办？怎么拉入更多利益相关者，设计一个更好的交易结构？

你可以按下暂停键，思考1分钟。

四川航空就做了一件特别有意思的事情，创新了商业模式。它是怎么做的？首先，它为所有买5折以上机票的客户提供"免费专车"的增值服务。客户下飞机之后，用专车把你从机场送到市中心。

这时，很多客户会想：我本来买的是3折、4折的机票，但是如果自己打车去市中心，要花130块，还是有点贵的。那不如我就换成5折的机票，可能也就多50块，没有到130块，还是划算的。

注意：这时，客户省了钱（买5折机票多花50元，但得到更划算的专车服务，少花了130元，相当于赚了80元）。航空公司也多赚了钱（客户从4折机票换成了5折机票，航空公司多赚了50元）。

但是，有人会说，派专车也要成本啊，航空公司真的能赚钱吗？所以，就需要拉入新的利益相关者。

四川航空把机票差价中的一部分，比如50块钱中的30块钱，付给一个旅行社，要求其把客户送到市中心。这样四川航空就从每个客户身上多赚了20块（50-30=20）。

那旅行社怎么办？旅行社又找到一些司机。你来帮我送客户，一位客户给你25块。这样旅行社就从每个客户身上赚到5块（30-25=5）。

那司机怎么办？司机想：我平常在机场等大半天才拉一个客户走，而且才收入130块。现在我开的7座的商务车一次能拉6人，每个人25块，6个人就是150块，还不用等半天了，挺好。于是司机把客户送到市中心，每一趟能多赚20块（150-130=20）。

但是，为什么这些客户给你这个司机，而不是给其他人呢？为什么要让你轻松赚这个钱？

于是，旅行社又提出一个要求：你想接这个轻松的活可以，但你必须从我这里买一辆车。买这辆车需要17.8万元。

司机想：这辆车在市场上原价14.8万元，我要不要多花3万元，来获得这份稳定的生意？本质上，就是多花3万元，从"零售"进入"批发"，买下从机场到市中心的专营权。也就是说，17.8万＝一辆新车＋每天旅行社大量稳定的订单。算算账，可能一两年就收回成本了，还是值得的。所以，很多司机加入了这个交易结构。

这就结束了吗？还没有。你有没有想过，旅行社的车又是从哪里来的呢？所以，还需要再拉入一个利益相关者：车行。

旅行社自己去车行买车，每辆车要多少钱呢？9万元。啊？只要9万元？为什么车行愿意把一辆原价14.8万元的车9万元卖给旅行社呢？车行不就亏了吗？

因为旅行社说：你看，你用9万块把车卖给我，然后我在车上面贴上你的广告，怎么样？这就相当于，司机在为自己赚钱的同时，还在为你宣传，帮你赚钱。每天接送的客户那么多，他们的注意力很值钱，他们的购买力更值钱，都是你的潜在客户。

用5.8万元投一次长期广告，你觉得划不划算？车行一想，5.8万元，我多卖几辆车就都赚回来了，是划算的买卖。于是，车行也加入了这个交易结构。

现在，一个完整的商业模式就被设计出来了。

在这个新的商业模式里，客户多赚钱，航空公司多赚钱，司机多赚钱，旅行社多赚钱，车行也多赚钱。所有人都多赚了钱。

很多人非常诧异：这真的可以吗？每个人都赚了钱，那这些钱从哪里来的？

你看出来了吗？通过新的商业模式，提高了效率，创造了新的增量。大家一起把这个增量分掉了，带来了更多的收入。

所以说，商业模式的创新，就是改变利益相关者的交易结构，提高效率，创造新的全局性增量。

作业2

本章的第二个作业来了：对比第一个作业的内容，参考四川航空的模式创新案例，拉入更多利益相关者，为你的项目画出更好的交易结构。

这里要注意，完整的交易结构可以直接作为商业计划书中的商业模式内容呈现，所以大家一定要掌握好这部分的练习内容。

商业模式创新的手段

我们知道从农业时代开始，就有了农贸市场，这种市集模式为传统的商品提供交易场所。到了工业时代，出现了商场，为现代化商品提供交易的场所，商场汇集了大量人流。

接着我们迎来了信息时代，互联网的发展催生了电商、物流、搜索、社交等的变革。互联网变成了一个海纳百川的大市集，部分商业场景搬到了互联网上。

到了信息2.0时代，智能手机得到普及，每个人手上的这台设备让我们可以随时接入各种不同的商业场景，升级了原来只能通过电脑完成的网上冲浪。随着科技的变革，我们的商业场景也发生了巨变。

但是，商业的本质并没有变，以前我们考虑哪里人多，就去哪里做生意，现在我们考虑的是流量在哪里，我们就去哪里做生意。本质并没有发生变化，只是套上了新的科技外衣。

我们来看看发生这些时代变化的本质是什么，换句话说，科技到底改变了什么？大家可以思考一下，科技是不是帮助利益相关者提升效率的同时还降低了成本呢？

传统的市集里有各种小商小贩，他们通过供应商进货，运到集市再卖出，每天起早贪黑，赶早出摊，早早地在集市上等客户。消费者要到集市上逛一逛，货比三家买到心仪的产品。现在呢，消费者足不出户，打开手机，登录各个电商网址就可以买到想要的商品，而商贩、厂家也只需要在各种平台做好展示，吸引消费者网上下单，商品用快递、物流发出即可，不必再挑担推车，起早贪黑去四处赶集。所以说，科技的进步能够帮助利益相关者提升效率，降低成本。

总体而言，商业模式创新的手段，就是利用科技帮助利益相关者提升效率，降低成本。

在信息3.0时代，我们还能把握哪些商业创新的科技手段呢？或者说科技创新的趋势里还有哪些机会呢？下列这些新技术正在成为亟须突破的新领域，它们也正在成为当下的投资风口。

（1）物联网——万物相连的互联网。

（2）区块链——制造信任的技术。

（3）人工智能——机器学习人类处理问题的技术。

（4）云计算——超级虚拟计算技术。

（5）大数据——一种信息资产。

（6）虚拟现实和增强现实——或许成为通往元宇宙的入口。

可能这样讲大家还不是能够很好地理解，那么我再举几个具体的例子。

物联网现在已经落地的商业场景有智能家电，用手机操作家用电器，如空调、电视、冰箱。

区块链已经落地的商业场景有农业溯源、房地产交易以及版权交易等。

人工智能已经落地商业场景有服务机器人等。

这些技术关系到每一个创业者，因为它们能提升项目的核心价值，也是模式创新的关键手段。

商业模式表达

了解了商业模式的创新方式和手段，我们再来看看，在商业计划书中应该怎样撰写商业模式板块。

简单的商业模式板块撰写一共有以下4种方式：

第一种，利益相关者图解；

第二种，场景再现；

第三种，虚实结合；

第四种，结合营销生态。

在这里要说明一下，在写自己的商业模式的时候，一定要用图像来对商业模式进行展示，避免使用过多的文字描述，因为相比文字，人们更愿意看图像，所以能用图像表达的，就不要写大段文字。这样能更加一览无余地展示出利益相关者的关系，便于投资人看懂你的商业模式，也能有更直接的代入感，让投资人思考你的模式。

利益相关者图解

我们先来看看第一种——利益相关者图解。我们以××体育APP为例，来讲解什么是利益相关者图解。

首先，××体育APP的核心产品是一个APP，通过产品功能的设计触达了利益相关者。

比如，课程培训功能能够链接学员和机构老师，运动场馆预约功能又能够为足球赛事提供场地预约，满足学员线下培训的场地需求。××体育APP还可以提供球员经纪功能，通过赛事层层选拔优秀学员，推荐学员参加真人秀节目，打造热门IP。这个节目又可以把IP授权给他们来制作衍生品，放在APP的体育商城里销售，也可以在旗舰门店里销售。这些机构老师还可以变成他们的城市合伙人，去各个地方的学校推广。可以说，××体育APP形成了一个商业闭环。

这种表达方式就是利益相关者图解。

用一个关键产品技术或者功能，加上利益相关者，再加上触达方式，形成一张图，图中有不同颜色的模块来展示不同业务及其主次，用线条的虚实来表示业务是现在阶段就有的，还是未来可能规划出来的。

投资者通过利益相关者的图解，能够清晰地看懂产品和用户都有哪些关系，他们是怎样联系在一起的。这种方法适用于以下几种商业生态：

（1）以"产品技术驱动"的商业生态。

（2）以"平台为导向"的商业生态。

（3）O2O模式，线上整合线下的模式。

（4）资源整合型平台模式。

（5）技术赋能产业升级的模式。

在实际的设计中，除了体现产品和用户的关系链之外，还可以用各种小图标和图片来展示细节内容。

场景再现

第二种表达方式，场景再现，通过对痛点实际发生场景的重现来描述商业模式。

例如，北京很多办公写字楼是不允许快递小哥或者外卖小哥上楼给用户送快递或外卖的。一家机器人公司用简单的绘图，画出了机器人对利益相关者的服务路径。第一种模式，快递员或外卖员将快递或餐品放在了存放点。这个时候，用户可以通过对办公楼内的机器人下单，实现机器人送货。第二种模式，就是用户直接向楼内商家下单，楼内商家用机器人将餐品送到用户手中。

该公司对该场景用简短的语言描述：以室内自动驾驶机器人为运力载体，实现消费者、场内商家、场外商家的无缝衔接，大幅提升商品流通效率，有效降低流通成本。

这种痛点发生场景结合解决方案的表达方式，就是场景再现，适用于以下几种商业生态：

（1）以"硬件产品为导向"的商业生态。

（2）以"效率为前提"的商业生态。

（3）针对场景设计的OEM产品。

虚实结合

第三种表达方式，虚实结合。同样，我们以电竞产业文教娱一体的内容科技服务平台为案例来说明。我们用场馆加运营内容的图解来说明核心商业模式，场馆为实，运营内容为虚，绘制了图8-3。

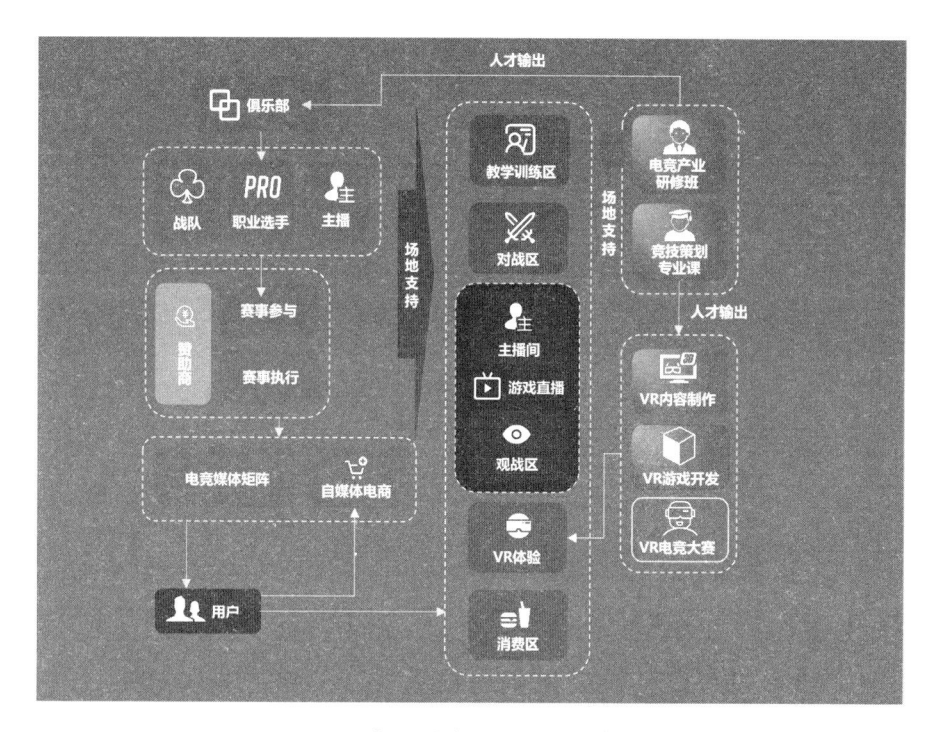

图8-3 虚实结合：场所+运营内容

我们先看图的中间部分，整个场馆的规划作了区域功能的划分，有教学训练区、对战区、游戏直播间和观战区，VR体验区，消费区。

这些是实体的部分，左边为俱乐部提供环境，右边为研修班提供场地，用场馆链接了我们需要运营的内容。俱乐部包含了战队、职业选手以及主播，他们可以参加赛事，也可以有场地来负责赛事执行，获得广告赞助，还可以通过电竞媒体矩阵来搭建自己的自媒体电商，链接用户。

教育的部分，可以通过竞技策划专业课，为VR内容制作输出人才，开发VR游戏内容，同样能够和场馆VR体验部分的内容相结合。

这种虚实结合的商业模式，适用于以下几种商业形态：

（1）以"场地为主导"的商业生态。

（2）以"服务为核心"的商业生态，例如，实体俱乐部、直播基地甚至理发店。

我们来看看在BP中，这一页设计的实际展示，如图8-4所示。图8-4左边我们用了3段概括性的文字描述，对商业模式加以补充说明。

图8-4 商业计划书展示

结合营销生态

第四种表达方式，结合营销生态。在学习这种表达方式之前，我们先来看看这些年营销发生了哪些变化。

广告一直是品牌主或者企业用来宣传产品的方式之一。我们从广义上把广告分为了硬广和软广。硬广是以广而告之为目的的广告。在传统的营销中，我们能够看到的户外广告、电视广告、传单、杂志封面广告、招牌、明星代言……都属于硬广的范畴，需要花钱购买广告展示资源。

软广呢,可以理解为软植入。在电视节目中出现了产品,但是一般不做详细介绍,而是产品作为节目的一个辅助元素出现;杂志文章中一笔带过的产品介绍等,都属于软广。这种不刻意,貌似不经意地提及或者展示的产品信息,我们称之为软广。

传统广告以展示渠道为中心。

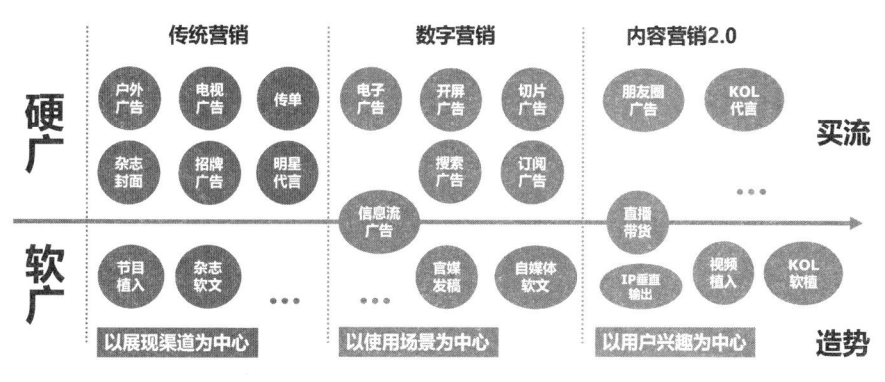

图8-5 硬广与软广

到了数字营销时代,以使用场景为中心的广告时代到来。硬广的方式发生了变化,电子广告、APP打开时看到的开屏广告、视频网站的切片广告、搜索广告、订阅广告等都属于硬广。同样,软广的方式也发生了变化,如信息流广告、官方媒体发稿、自媒体软文等,公众号崛起后,极大丰富了内容营销的广告玩法。

到了内容营销2.0时代,以用户兴趣为中心的广告时代到来,朋友圈广告、KOL代言等,让硬广和软广的边界开始模糊。直播带货、IP的垂直输出、UP主的视频植入,等等成了广告营销的新趋势。

说到这些变化,我们需要了解一下内容营销时代开启的两大社交生态:微信生态和抖音生态。

在内容营销1.0时代，我们能够通过订阅号、服务号、企业号等的图文发布，输出对用户有价值的内容，获得用户的青睐；也会因为喜欢某篇文章，转发给朋友。

这种用于熟人交流的通信工具，造就了以社交关系为出发点的商业生态。之所以称之为生态，是因为有很多新企业借助这个平台赚到了钱，比如，开过微店的小伙伴一定知道微盟和有赞小店。知识付费体系中的头部小鹅通，还有各种各样新鲜的小程序，每个企业都能在这个平台上做生意。

到了内容营销2.0时代，以抖音为核心的短视频平台让更多的人参与到视频的创作当中，通过推荐算法，用户标签，将你感兴趣的内容推送到你面前。这种以用户兴趣为出发点的商业生态也受到了更多人的喜爱。

抖音通过对用户的了解，开发了很多的商业软件，比如图虫APP、学浪、房产APP幸福里、汽车自媒体广告平台懂车帝等，从用户的兴趣出发，建立了自己的商业帝国。

不管是直播带货，还是视频带货，通过创新的算法推荐，吸引了很多个人和企业来到平台做生意，也成就了很多成功的创业案例。

我们以案例来说明第四种表达方式——结合营销生态。

很多行业因为竞争非常激烈，所以非常注重营销，比如服饰、美妆、知识付费等。某服饰品牌建立线上以及线下的销售渠道，线上通过KOL直播带货，形成订单转化；线下通过买手渠道资源，销售自己的产品。这种模式做得比较轻资产，自己不开门店，而是通过别人的渠道来做销售转化。

这种结合新营销方式的商业模式，适用于轻资产运营的商业生态和以营销为核心的商业生态。

作业 3

以上就是简单商业模式的表达方法，本章的第三个作业：从以上四种商业模式的表达方式中，选择适合你的行业的，设计出专属于你的商业模式表达。

高效的商业模式往往可以用简单的逻辑、利益相关者之间的关系、实现手段表达清楚。大家不妨试试在纸上把它们画出来，再通过PPT制作关系连接图。

今天的课程到这里就结束了，咱们下节课再见。

第9课

产品策略

▼

欢迎来到本课时,我希望你们带着以下几个问题阅读本章内容:

什么是产品策略?

产品策略包含了哪些内容?

我应该怎样描述我的产品策略?

产品策略到底是什么

首先我们来看看产品策略到底是什么。广义上讲,产品策略包含了产品计划和营销策略。这里的产品大家可以理解为产品或服务,甚至产品加服务,当一个总体的概念去理解。

产品策略是什么?

产品计划 ＋ 营销策略　　传播策略

产品迭代/更新　　　　　　4P原则　　　　　　　　消费心智
Demond Research Test Available　Product Price Promotion Place　Popularity Reputation Loyalty
需求　研发　测试　上市　　产品　价格　推广　渠道　　知名度　美誉度　忠诚度

图9-1　产品策略包含的内容

产品计划决定了产品迭代更新的速度。餐厅要定期出新菜品来满足老客户换口味的需求,也经常要为客户提供不同的新服务,比如为顾客庆生、表演才艺;打车软件会不断完善功能以更方便用户;护肤品也会因为配方的改良而迭代产品包装等。

不管是实物产品，还是虚拟产品，产品计划一般都包含了四个周期：

第一个周期，需求收集期。可以理解为我们的调研期，需要了解目标用户使用某款产品希望能达到什么样的效果，自己的产品能不能针对性地帮助他解决现有的问题。

第二个周期，产品研发期。收集好目标用户的需求，产品就要按照确定的需求进行研究开发了。

第三个周期，产品测试期。产品研发出来后，需要先对产品进行测试，看看实际到底能不能达到想要的结果，这也是一个产品自我检测的过程。先邀请一小部分用户来体验测试，也可以进行内部测试。如果各方面都没有问题，则进入第四个周期——产品上市。

为了让大家更好地理解产品计划，我用一个要求严谨的行业——医药行业——来为大家举例说明。医药行业为什么要求这么严谨呢？因为每一款药物投入市场都是人命关天的大事情，所以药物产品的开发计划是一个非常严谨的过程。

医药行业把一个产品的从需求到上市的过程分为了实验室期，临床试验一、二、三期，以及上市后的临床试验四期，一共五个阶段。

实验室期，就是专家们对理论研究的第一次试验，用最小单元的实验对象开始测试。通过了动物活体试验，就到了临床试验一期，初步对药理学及人体安全性进行实验，这个时候样本量规模较小，一般为20~30例。

通过临床试验一期之后，进入临床试验二期，对药品的治疗作用初步评价，样本量不少于100例；再通过之后，进入临床试验三期，对药物的治疗作用确证，样本量不少于300例，通过后，药品就可以上市了，上市后进入临床试验四期,考察在广泛使用条件下药物的药效和不良反应,样本量不少于2000例。

大家看到了吗?产品计划每一个阶段都有该阶段的研究目的和目标。可能实际操作中我们并没有大把的时间和精力耗费在产品计划中,但是整个产品计划周期的严谨流程是什么样的,我们需要了解。这里我要强调的是,对产品上市制订严谨计划,是对企业发展的负责态度。

了解了产品计划,我们看看营销策略又包含了哪些。

我们应该或多或少听说过营销的4P原则——Product(产品),Price(定价),Promotion(推广),Place(渠道)。

这里需要强调的是,我们平常所说的广义上的推广,实际上说的是传播策略,即在条件允许的情况下,针对每一个不同的渠道都要设置不同的传播策略,从知名度、美誉度以及忠诚度,针对目标群体制订不同周期的传播计划。

举个例子,蜜雪冰城的"你爱我,我爱你,蜜雪冰城甜蜜蜜"歌曲在抖音上火爆,让大家都知道了蜜雪冰城这个品牌。这次推广让蜜雪冰城在知名度上得到了空前的提升。他们选择的渠道是抖音,达到的目标是提升知名度。

品牌选择不同的渠道做营销时,需要根据诉求去细分。

这些都是生活中成熟品牌或者产品的传播策略。我希望大家理解的是,一切传播都是围绕着两个核心进行:产品处在一种什么样的状态,需要达到什么样的目标。这意味着先有了产品策略,才有品牌传播策略。

描述产品

我们需要从哪些角度描述产品呢？在前面的课程中，我们已经学习了产品简介的写法。只有一个产品简介，肯定是不够的。产品策略对于初创公司而言，就是通过对产品的详细描述，体现产品的具体细节，让投资人知道，你的产品不是一个概念阶段的东西，而是你已经准备好其他资源，资金到账马上可以去执行，所以这个时候我们描述产品策略更多的是展现产品细节。

那么，我们可以用哪些细节来描述产品呢？可以通过4P组合拳来实现，如图9-2所示：

图9-2 描述产品

1.描述"产品"的维度，可以体现质量、款式、品牌、包装、功能、实用价值等。

这里最直观的方式就是用效果图来展示，包括但不局限于产品设计图，包装设计图，工程原理图，UI设计图。

例如，你是做袜子的，要描述你的袜子长什么样，用什么样特别的包装；你是做餐厅的，描述内容包括餐厅的装修环境以及体现品牌标识的设计；你是做软件的，可以展示UI设计图、产品逻辑图；你是做专车服务的，可以用服务标准呈现图。

进行产品描述时可以使用一切能够体现你产品的准备程度的图片，最好是有团队精心设计过的图片。

2.描述"价格"的维度，可以体现你和竞品的价格对比，产品价格的周期性策略，成本，受众群体，价格的弹性空间，以及性价比。

3.描述"营销"的维度，可以体现硬广投放渠道，软广投放渠道，在什么样的场景投放，或以什么样的方式种草，如何影响消费心智，以及促销方式。

4.描述"渠道"的维度，体现通过什么样的方式分销，用什么样的机制管理渠道，培训管理怎样做，对某一个渠道要提供什么样的服务，对某一个平台技术可以提供什么样的接口，以及自己的裂变方式。

总体而言，我把产品分为两大类型：实物产品和虚拟产品，两者呈现的内容有所不同：实物产品，描述内容包括外观设计、功能描述、产品特色、使用场景、技术参数。虚拟产品，描述内容包括场景设计、功能描述、运营特色、情景再现、使用规则。

很多时候，在实际项目中，实物产品和虚拟产品是相结合的，也要配合使用，所以这两种产品策略的写作方式，大家都需要掌握。

实物产品描述

我们接下来看几个实际案例，体会产品描述具体怎么写。

先来看实物产品描述。

实物产品描述的底层逻辑和虚拟产品一样,都需要用图片加文字说明。

可以通过展示外观设计、功能描述、产品特色、使用场景、技术参数来对实物产品进行描述,如图9-3所示:

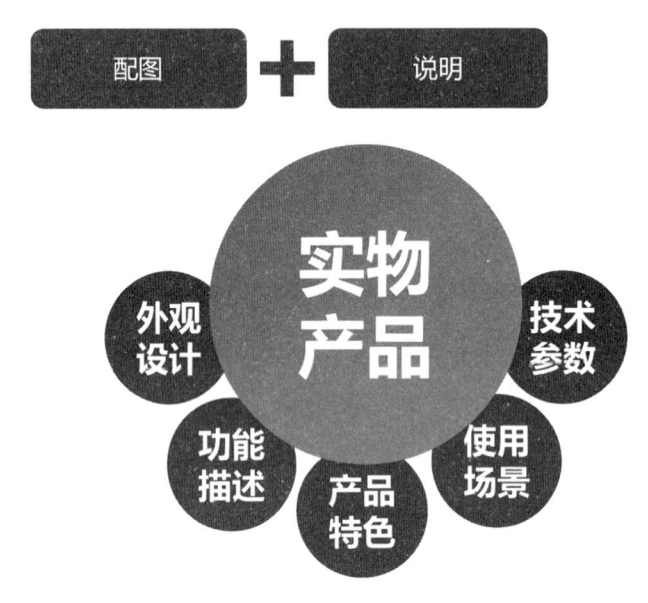

图9-3 实物产品描述

具体我们来看两个案例。

案例1

第一个案例是茉莉之源护肤产品策略——多品牌战略跨级联动营销。

在之前商业模式的部分我们提到过,日化产品其实是一个重营销的品类,那么对于产品线的规划,就是一个核心要点。茉莉之源设置了3条产品线:

茉莉之源，主攻Z世代[①]女性，分别从品牌理念、品牌定位、人群特征做了细分。

Moly Homme，主攻千禧一代[②]的男性。

Moly Customization，主攻X世代[③]女性，为她们提供私人定制护肤产品。

每一个产品系类都配备了相应的产品图，也详细描述了为什么要为这样一类人提供一套这样的产品。

接下来，我们来看看它的产品策略。同样的，设置了三个梯队的产品：

第一梯队，流量产品：大胖瓶卸妆水，我们都知道女生卸妆水是高频次使用，而且消耗量很大的产品；小粉管隔离乳，妆前乳，也是使用频率较高的产品。

第二梯队，利润产品：洗护三件套，面膜，男士洗护四件套等。

第三梯队，形象产品：茉莉花系列，套装，以及高级定制系列。

这三个梯队的产品，分别从知名度、忠诚度以及美誉度三个品牌维度破圈。

当然，如果只有核心产品，没有核心渠道，也不行。接下来我们来看看它的核心运营工具——微信小程序的产品介绍。小程序上，右侧是产品图，左侧分别对各部分的功能做了解释，功能涵盖了社交分享、产

---

① Z世代是网络流行用语，意指在1995-2009年间出生的人，又称网络世代、互联网世代，统指受到互联网、即时通信、智能手机和平板电脑等科技产物影响很大的一代人。
② 千禧一代通常指的是那些出生于20世纪并在21世纪初成年的人。
③ X世代是指1965-1980年出生的人，他们在20世纪80年代长大。

品商城、运营课堂以及增值服务4个主要功能。

社交分享 分享美妆护肤类产品及使用心得

产品商城 自有商品售卖 合作商品售卖

运营课堂 线上运营、IP孵化辅助代理加盟

增值服务 线下活动参与 行业知识分享

图9-4 茉莉之源小程序的四个功能

除了具体的产品介绍，一些与产品、品牌相关的活动也可以作为有益补充，在产品描述环节进行展示。例如，茉莉之源开展了IP联动赋能乡村振兴活动。

福州是茉莉花茶的发源地，已有近千年历史。福州具有得天独厚的露天栽培茉莉花的自然资源条件，为茉莉花生长提供了最适宜的生态环境。但是随着城市化的发展，福州的茉莉花种植面积开始严重下降，被严重边缘化。

茉莉之源创始人希望借助乡村振兴政策，结合茉莉花文化，打造茉莉文化博物馆，以及茉莉之家线下门店，从文化角度引领潮流，吸引年轻人传承茉莉花文化。

当然，这些都是美好的愿景，实现的前提一定是产品线更加丰富，品牌有一定知名度。但是，我们依然要把这些内容规划在商业计划书里，甚至做出充分的描述。

第9课　产品策略

图9-5　"IP联动赋能乡村振兴"活动展示

案例2

我们再来看一个案例，上节课中我们提到配送机器人，看看它是怎样进行产品描述的。

图9-6　配送机器人产品描述展示

同样是产品图加上文字描述。

主标题：技术以人为本，产品厚积薄发。副标题：技术复用，加速落地。

怎么去理解？我们看图9-6左侧，配送机器人的门被打开了，肚子里跑出来很多小图标，用来展示它都包含了哪些功能。

左上是创始团队之前的公司——图吧科技，运营了15年，积累了地图、导航、路径规划等技术；在四维图新，团队积累了AI、视觉、激光雷达等相关技术经验；在六分科技积累了室内定位、室外定位的技术；在四维智联又积累了OS系统、车联网、大数据、OTA的技术，所以在积累了各种技术后才有了这款机器人产品。

"技术以人为本"，很明确地说明，我现在做机器人产品，是因为我有这些技术积累，有这些核心技术人员，所以就是比别人做得快。

接着对产品的独特功能和使用场景进行描述——"以不'变'应万'变'，产品独特设计，可多场景复用"，写字楼、酒店、公寓、餐厅都可以用，如图9-7所示。

不用再去设计机器人的外观，为什么呢？图9-7右侧给出了技术解释：VSLAM建图，集成协作控制技术，低成本传感器融合、模块化舱体、中控管理系统以及智能交互系统。有了这些核心功能，就可以应对多场景的使用。

接下来我们再看看这些功能有什么样的优势，如图9-8所示。

"场景匹配算力，性价比最优"，因为这个产品融合的是低成本多传感器，配置高性价比算力模块，没有用很贵的东西，达到了较高的算力，所以省钱但算力高。

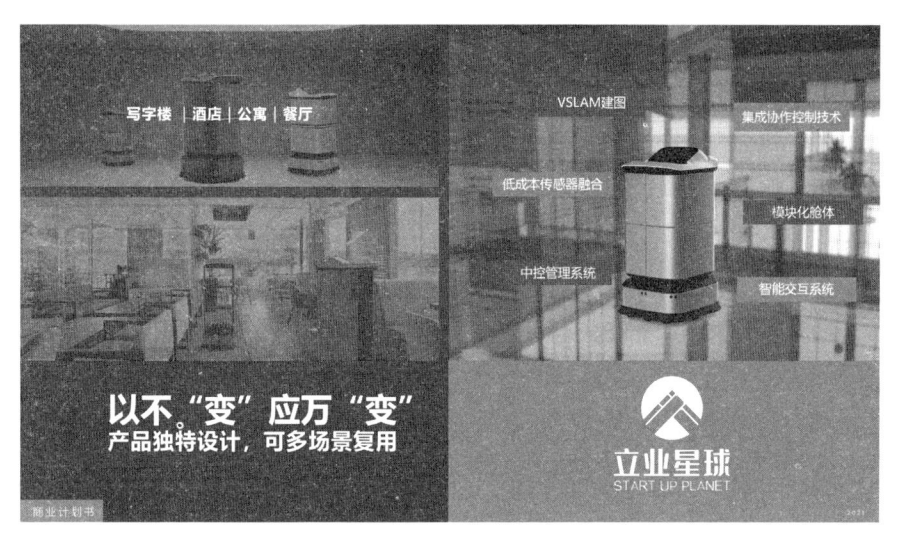

图9-7　核心功能展示

图9-8　产品优势展示

"模块化箱体设计",可以组装,可以拆解。我们都知道做特殊的外观造型是需要开模费的,用了模块化的设计,不用为每个场景开发不同的产品,降低了开模费,也省了钱。

"自研中控系统"，就是自己研发中控系统，不是外包团队做的，对产品的控制力就强。

所以可以看到，这一整页都是在讲产品为什么是性价比最高的。产品没有过度地提高配置，所以成本低，功能够用，这就是重要的产品优势。

图9-8左侧的图像大家可能看着有点奇怪，这个图像是机器人通过传感器模拟出来的实际空间的扫描图，用以提升产品介绍的科技感。

虚拟产品描述

接下来我们来看两个虚拟产品描述的案例。

同样，我们依然需要用配图加文字说明的形式去介绍虚拟产品。与实物产品不同的是，虚拟产品在描述时需要体现的是场景设计、运营特色、情景再现、功能描述以及使用规则。

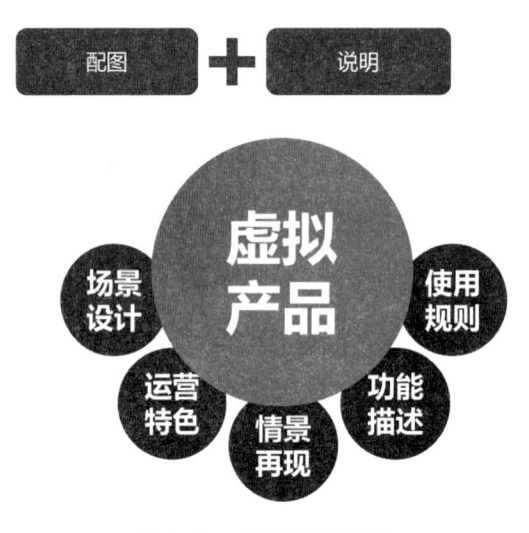

图9-9 虚拟产品描述

案例1

我们来看一个案例，××体育APP的产品策略。

图9-10左侧是场景设计，APP当然是在手机中使用的，我们只做了一个手机边框，里面呈现出这个APP的使用界面。图9-10右侧对功能进行了详细描述。这就是一个标准的软件产品的描述，是不是给人感觉这个产品已经准备好了，而不是在概念阶段了？

图9-10 ××体育APP的产品策略

前面提到的茉莉之源在介绍自己的运营工具的时候，也用了同样的手法。如果你的产品是一个SaaS软件，也要设计出相应的场景，突出你产品是在哪里用的。

案例2

我们再来看电竞俱乐部赛事运营的产品介绍，如图9-11所示。

提到运营我们是不是觉得是一个很空虚的概念，怎么去描述呢？我们对赛事从功能上做了区分，分为非职业选拔赛、职业选拔赛、季度对抗赛、职业邀请赛、区域冠军赛、全国性联赛。针对的人群不一样，赛事不一样。图9-11右下角也列出了主流游戏的封面图片，可能有点小。总体而言，这个产品就是满足电竞文化及电竞职业发展的赛事俱乐部。

图9-11 赛事运营的产品介绍

电竞教育培训也是虚拟产品，我们在描述产品的时候，分了成人版和学生版，如图9-12所示。成人培训课是为想进入该行的生意人打开一扇门，学生班是以企校合作为主，为电竞中高职专业学生提供培训服务，让兴趣驱动他们的学习。

根据不同的人群，设置了不同类别的特色课程内容。

针对成人，开设电竞产业研修班，内容包括电竞俱乐部的运营与管理、电竞赛事运营与管理、电竞主播运营与管理、电竞职业裁判等，都

图9-12 电竞教育培训产品介绍

是能够帮助从业者提升技能的课程。

针对学生,提供了电竞方向的专业课,但内容区别于成人的课程。

我们从运营特色对产品展开了描述,也使用了相关的图片,让计划书看起来内容更丰富,使人产生联想空间。

产品效果图

产品效果图中一般用到的图片素材,包含了照片、图片以及图标,我常用到的素材网站如图9-13所示:

我来简单介绍一下这些素材网站的区别。

Iconfont是阿里巴巴研发的图标素材网站,我书中的这些小图标都是从这个网站上找到的。你可以根据需要对其颜色进行编辑,然后下载保存。

图像素材库

名称	网址	类型	费用
设计小咖	www.iamxk.com	全设计素材网站	部分免费
千库网	588ku.com	全设计素材网站	部分免费
懒人图库	www.lanrentuku.com	图片素材网站	全部免费
Magdeline	magdeleine.co	摄影素材网站	免费
Superfamous	superfamous.com	抽象摄影素材网站	免费
Foodiesfeed	www.foodiesfeed.com	食物摄影素材网站	免费
Wallheven	wallhaven.cc	图片素材网站	免费
摄图网	699pic.com	全设计素材网站	付费
Iconfont	www.iconfont.cn	图标素材库	免费
UNDRAW	undraw.co/illustrations	插画素材	免费
ArchDaily	www.archdaily.cn/cn	建筑与室内设计素材	免费

图9-13　常用素材网站

Arch Daily是一个建筑设计网站，里面有很多优秀的国内外建筑设计、室内设计案例，包括餐厅、酒店，甚至公园，所有的图片都是高清大图，可以保存。

其他的网站基本都是设计师作图常用的，网站的素材有些需要付费，有些是免费素材。大家可以根据自己的需求搜索下载，用来丰富BP画面。

对于怎样制作相应的配图，我总结出了这样一个顺口溜，如图9-14所示：

"实物产品找设计"，如果你的团队有设计师，可以让他来帮你设计出相应的产品效果图。如果你没有设计团队，可以通过对相似产品样机模型的编辑来实现。

"虚拟产品找场景"，这里的场景指的是使用的场景，比如你的产品是APP，使用场景就是手机，产品效果图体现的是创始人的专业度和态度。

图片怎么配？描述怎么写？

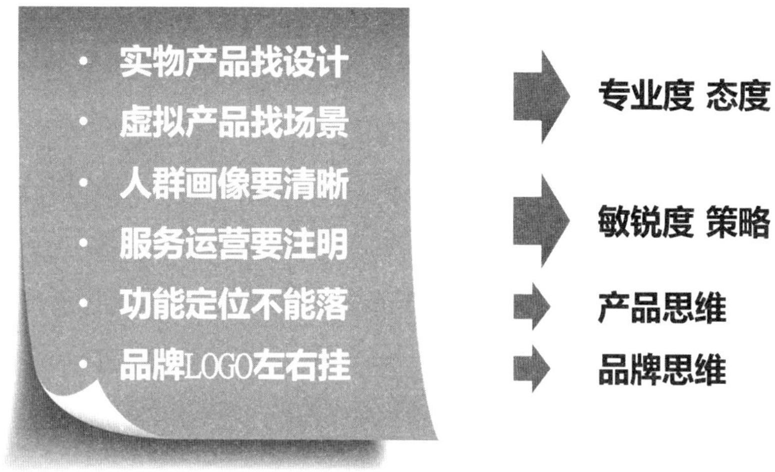

- 实物产品找设计 → 专业度 态度
- 虚拟产品找场景
- 人群画像要清晰 → 敏锐度 策略
- 服务运营要注明
- 功能定位不能落 → 产品思维
- 品牌LOGO左右挂 → 品牌思维

图9-14 制作配图的方法

"人群画像要清晰""服务运营要注明"，体现的是创始人的商业敏锐度和运营策略。

"功能定位不能落"，体现创始人的产品思维。

"品牌LOGO左右挂"，体现创始人的品牌意识。

作业

本章的第一个作业：产品具体化。

结合第四课时产品介绍的作业，将你的产品或者解决方案，具象化为具体的产品载体。比如：实物产品—美妆—卸妆产品，具体到是卸妆水还是卸妆膏抑或卸妆乳；虚拟产品，你的平台到底是手机APP还是PC

端的软件，抑或都有。

如果把解决方案当作你故事的核心逻辑，那么产品策略就是你故事的载体。

本章的第二个作业：用文字来描述，你的每一个产品有什么样的功能、特色、技术参数、运营特色、使用规则，越详细越好。

完成上面的内容后，利用我提供给大家的网站，试着找到相关的设计配图。

好了，本课时到这里就结束了，咱们下节课再见。

第10课

盈利模式——六种收入模式

▼

欢迎来到本课时学习，本节课将重点讲解盈利模式，本课内容非常重要，直接关系到商业计划书中财务预测的部分能不能直接计算出结果。

我希望你们阅读时带着以下几个问题思考：

什么是盈利模式？

盈利模式包含了哪些内容？

我应该怎样描述我的盈利模式？

本节我们将从定义、收入类型以及描述表达几方面为大家解答盈利模式的相关内容。

六种收入类型

盈利模式，简单来讲，就是企业靠什么来赚钱，我们来看看它的定义：企业通过整合自身以及相关利益者的资源形成的一种实现价值创造、价值获取、利益分配的组织机制及商业架构。本质上，一切的盈利模式都离不开六种收入：经营收入、溢价收入、租赁收入、会员收入、中介收入、广告收入。

掌握了这六种收入类型，并且能够运用在自己的项目中，就能很清晰地知道，到底我可以通过哪些方式让公司赚到钱，也能够很容易地预测出项目在理想状态下，具体能赚到多少钱。

很多时候创业者最容易遇到障碍的地方，就是对每种收入的成本构成不够了解，当你理清这几类收入的成本构成后，就会发现设计盈利模式并没有那么难。

接下来我们展开讲这六种收入类型对应的商业模式以及相应的成本。

第一种：经营收入或者销售收入

通过对商品的售卖获得收入，是一般行业最常见的营收形式，传统商业模式常以此为主要营收来源。

这类盈利模式的要素包括：（1）所出售的商品。（2）收入构成的成本，包含生产成本、产品的研发成本、试错成本、找OEM或者ODM等第三方生产机构的费用、设计包装的费用、原材料的采购费用等。还会涉及商品的售前服务，比如推广营销、咨询客服等，还有售后服务，比如物流快递、客服及维修等。这些都是获得商品销售收入需要付出的代价。

如果做电商的小伙伴应该知道，对于产品的售后服务，传统做法是雇佣大量的客服人员去解决客户购买前后的问题，但是随着技术的发展，客服机器人诞生，我们通过对客服机器人进行设置替代了一部分人工作业，降低了一部分的人工客服成本。服务本质是人提供的，但是技术可以优化和提升服务效率。再举个例子，我们去一家餐厅吃饭，到餐厅之后服务人员招呼我们点菜，上菜，吃完之后招呼我们结账。这种服务会产生人工成本。新技术的出现，比如大众点评（告诉你哪家餐厅好吃），扫码点餐结账系统，机器人送餐，等等也是降低人工成本同时提升服务效率的过程。

在这里，大众点评上的营销推广以及餐厅服务员的点餐，我们可以理解为售前服务。消费完之后，结账、开发票，可以理解为售后服务。

第二种：溢价收入或者资产升值收入

一些有形资产如房子、生产工厂，无形资产如知识产权、专利、股票、股权等，因为具备升值或者保值空间，在转让、售卖时往往获得比持有成本高的收入，我们称其为溢价收入或资产升值收入。这也是资产项目中最为常见的营收形式，金融类产品多以此为主要收入来源。

这类盈利模式的要素包括：（1）获得这类收入出售的资产，就是房产、股票、专利技术、版权、股权等。（2）持有成本，就是你的购入成本。（3）溢价空间，取决于这种资产的稀缺性或者说价值空间。（4）交易服务，主要是交易市场，需要有能转让或者出售这种资产的交易场所。

除了这些咱们熟悉的资产升值收入之外，现在还能看到的一些另类的资产升值案例，如球鞋炒作，一双原价2000元的限量版球鞋，在某些球鞋交易市场可以卖到上万元。球鞋已经脱离了本身的产品属性，因为鞋子的稀缺性，赋予了这款限量版球鞋资产属性。当然，这种炒作要在合理合法范围内，不要见利忘义，为了超额溢价铤而走险触犯法律。通过资产升值获得溢价收入的案例在现实生活中还有很多，常见的如期货等。

这里举例简单说明一下期货的概念。假如你的工厂生产羊肉，你判断冬天羊肉卷的价格会涨上去，因为人们冬天喜欢吃涮羊肉，羊肉卷的需求会上涨。这个时候，你在夏天羊肉价格最低的时候采购了一大批羊肉，冻在冷库里。你只是判断冬天羊肉价格会涨，但是不确定今年冬天羊肉具体的价格会是每斤40元，还是30元。于是，你通过提前预售冬季羊肉卷，提前将羊肉以35元的合同价卖了出去，但是这些羊肉现在还是在你手里，冬天到来的时候你才为购买者发货，这些羊肉就是期货。买你羊肉期货的人，他们花的钱可能低于实际冬天羊肉的市场价，也可能高于实际市场价，但是能确保的是，冬天他能以35元买到羊肉，不会因为羊肉冬天供给不足买不到，也不会因为市场价格太高而买不起羊肉。买家通过购买羊肉期货，固定了自己的成本。如果冬天来了，羊肉市场价格涨到40元，那么买家每斤羊肉省下了5元；如果羊肉市场价格只有30元，那么买家每斤羊肉亏了5元。我们把这种买卖未来产品价值空间的交易形式，叫期货。

第三种：租赁收入或者使用权转让收入

这种盈利模式很好理解，就是产品或服务不以销售为营收方式，而是以计费使用的形式获得收入。现实生活中，酒店、民宿、共享充电宝、共享自行车，还有游艇分时租赁、汽车分时租赁等都是这种模式。因为直接购买的成本太高，为了降低门槛，方便大家，我们也可以通过租赁的方式来赚钱。

这类盈利模式的要素包括：（1）产品的生产成本；（2）产品的研发试错成本；（3）OEM/ODM生产成本；（4）设计包装费用；（5）租赁会产生耗损，需要维护成本，比如车子需要维修、保养、换新等；（6）计费方式，可以选择根据使用时长、使用次数、使用频率、使用里程、使用数量来计算费用；（7）还有为租赁设定服务流程，也就是怎么样使用的流程。

典型的租赁收入模式如我们常见的共享充电宝，它研发了扫码控制系统，通过ODM生产出充电宝和充电底座，根据使用时长来计费，再设置了归还后扣费的方式。

第四种：广告收入或者推广收入

这种收入也很好理解，就是为特定的产品、服务或品牌提供广告宣传服务得到的收入。广告的载体也很丰富，比如我们在展览上经常看到的展览展示牌，高铁或者机场的广告灯箱，汽车站台的广告灯箱，手机应用的开屏广告，甚至车体粘贴的广告，一切能够用于在公众面前展示产品形象的区域都可以获得广告收入。

这类盈利模式的要素包括：（1）广告位准备成本，比如商场侧立面的广告位需要向市政部门提交申请，获得批准后才能作为广告位对外招商售卖，再如对广告位进行设置以达到一定的要求，这都会产生一定的人力物力成本。（2）研发成本，比如电梯投影广告，用投影的方式来布置广告，而投影设备会产生研发成本。（3）流量成本，让广告获取流量也是有成本的。（4）户外广告维护成本，需要有人去安装，有人来维修，有人来换新。LED大屏幕的出现，很大程度上降低了线下广告的维护成本。（5）计费方式，线下广告一般是以刊例价来计算；互联网常见的广告计费方式包括CPM、CPC、CPA。CPM（Cost Per Mille）是按照展示次数计费，广告每展现给一千人所需花费的成本，所以又叫千人展现成本。例如某个广告位千次曝光的价格为10元，则CPM=10。CPC（Cost Per Click）指点击计费，按照每次广告点击的价格计费。它是竞价广告的模式，出价越高排名越靠前，但可设置每次最高点击的出价，称为"最高每次点击费用"，表明这是你愿意为广告点击支付的最高金额。CPA（Cost Per Action）是按行动付费，一种按照广告投放实际效果计费的方式。这里的行动不固定，通常可以指问卷、表单、咨询、电话、注册、下载、加入购物车、下单等用户实际行动，一般在投放广告前可与媒体或者代理商约定好，只有在用户发生约定好的行动时，才会收取广告费用。（6）投放流程，或者说广告位的使用流程。

第五种：会员收入或者订阅收入以及加盟收入

有一些产品和服务不给自身定价，而是捆绑在会员体系中，成为会员的独享产品或服务。比如说樊登读书会的年订阅费用，一些付费APP

的订阅费用，视频网站的VIP会员费用等。再比如你有一套独特的店面运营方法，不单独出售，而是以加盟的方式提供体系化的服务，收取加盟费等，加盟商可以视为一种会员形式。

这类盈利模式的要素包括：（1）会员权益，这些权益可能会产生服务成本，比如说你是外部采购的服务；（2）产品成本、技术成本等；（3）权益设计，就是服务运营；（4）计费方式，是按年付费，还是按人数付费；（5）权益的落实。

第六种：中介收入或者居间收入

简单讲就是居间服务收取的佣金，比如地产中介、技术服务平台等都是收取佣金的，再如财务顾问对接投资方和项目方，也是会赚取佣金的。

这类盈利模式的要素包括：（1）资源获取成本，资源包括客户资源、渠道资源、供应链资源、现金资源，等等；（2）服务方式，种类很丰富，是电话服务，还是面对面服务，还是通过技术平台提供服务，都要权衡考虑；（3）计费规则，从资源的数量、成交的结果以及使用的周期，最终完成资源交付，都要在计费规则中体现。

盈利模式的本质

了解了六种常见的收入类型，我们来看看盈利模式的本质。这个本质到底是什么呢？我们来举例说明。水煮鱼是一道名菜，我们来看看制作一道水煮鱼要经过哪些环节。

首先，捕鱼。核心的食材——鱼——是需要养殖或者从江河湖海打捞上来的，捞上来之后，这些活鱼就去了鱼市，再被售卖给各种商超或者菜市场，进行冷藏或冷冻销售。商超或者菜市场对鱼进行生加工，收拾干净后切片，你把鱼买回家，再配上水煮鱼的其他材料，进行烹饪，最后一道水煮鱼出锅。

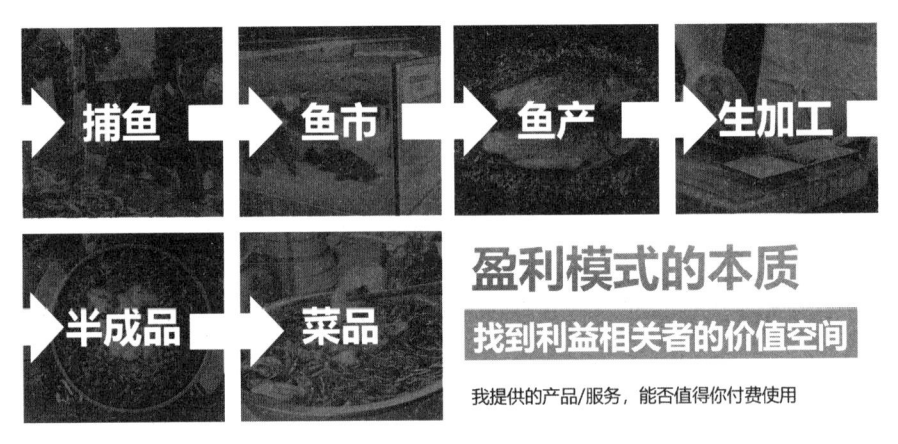

图 10-1　盈利模式的本质

我们会发现，每个环节都有相应的利益相关者，他们从这条鱼身上都能获取价值。渔民捕鱼，卖到鱼市，增加了一层价值，再被卖到各种各样的超市、菜市场。超市、菜市场要冷藏鱼，提供保鲜服务，还可以提供加工处理服务，帮你把鱼清理干净，甚至切成你想要的样子，让你可以直接拿来做菜，又增加了一层价值。

在每一层关系里，这些利益相关者都找到了自己的价值空间，通过增加服务来获得利润。也就是说，盈利模式的本质是找到利益相关者的价值空间。换句话讲，就是我提供的产品或者服务，能否值得你付费使用。

我们来看看在这一条关系链中利益相关者都找到了哪些价值空间。

渔民和鱼贩的价值空间是供给鱼产品；超市的价值空间就是冷鲜保存、加工处理；餐厅的价值空间就是烹饪处理。

价值空间是对产业链中的相邻环节进行的优化和整合，为用户需求增加选项，降低获得门槛。

我们再把这条链拉长一点看，捕鱼上面，还有养殖，育苗，生物基因工程；下面还有外卖送餐。通过整合从鱼市到外卖的整条产业链，缩短路径，整合产业链上的价值空间，盒马鲜生诞生了。

理解了价值空间，我们再来回顾一下收入的6种类型：

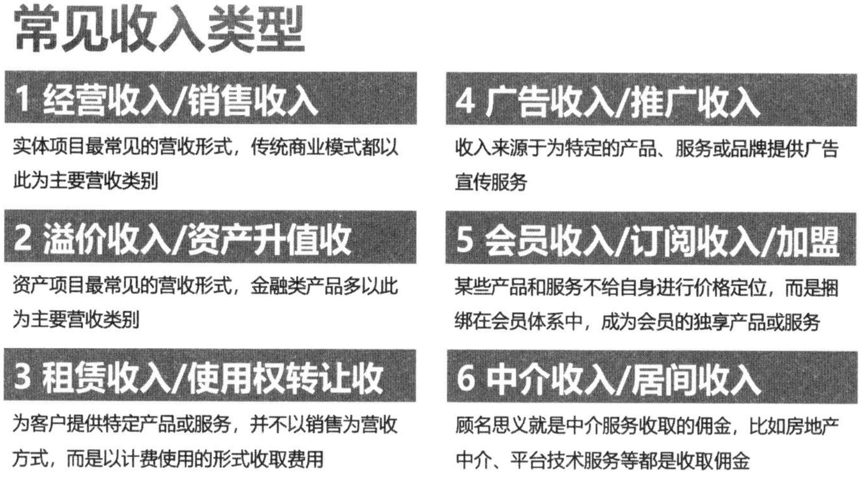

常见收入类型

1 经营收入/销售收入
实体项目最常见的营收形式，传统商业模式都以此为主要营收类别

2 溢价收入/资产升值收
资产项目最常见的营收形式，金融类产品多以此为主要营收类别

3 租赁收入/使用权转让收
为客户提供特定产品或服务，并不以销售为营收方式，而是以计费使用的形式收取费用

4 广告收入/推广收入
收入来源于为特定的产品、服务或品牌提供广告宣传服务

5 会员收入/订阅收入/加盟
某些产品和服务不给自身进行价格定位，而是捆绑在会员体系中，成为会员的独享产品或服务

6 中介收入/居间收入
顾名思义就是中介服务收取的佣金，比如房地产中介、平台技术服务等都是收取佣金

图 10-2　六种收入类型

作业 1

今天的第一个作业来了：画出你的项目的溯源关系链条，找到项目的价值空间，参考图 10-3。

盈利模式的表达 — 罗列出你对利益相关者的收费项目

经营收入/销售收入
- ② 自营商品　h) 足球夏令营
- ③ 视频课程
- c) 自有赛事报名费
- d) 赛前培训费
- g) 体育文化交流

溢价收入/资产升值收入

租赁收入/使用收入
- ④ 产品招商
- ⑥ 培训机构入驻

广告收入/流量收入
- ⑤ 流量广告
- e) 球员商业代言

会员收入/订阅收入
- ④ 产品招商
- ⑥ 培训机构入驻

中介收入/居间收入
- ① 场馆佣金
- b) 机构课程佣金
- a) 合作赛事报名费
- ④ 产品招商
- ⑥ 培训机构入驻

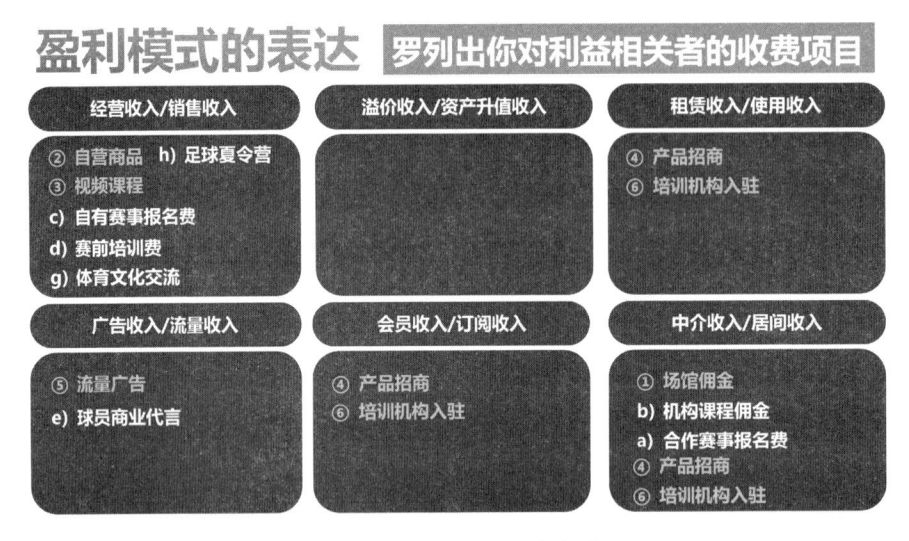

图 10-3　盈利模式的表达

案例 1

下面我们来论证一下，在实际的项目中，五花八门的各种收入从本质上能不能脱离这 6 种收入类型。还是以 ×× 体育为例，它的收入类型包含了线上平台运营的收入和线下赛事及培训收入。

场馆佣金：包括合作赛事报名费、机构课程佣金，本质是在匹配资源，那它就是中介收入。

自营商品：本质是在售卖产品，那它就是销售收入。

视频课程：依然是在售卖产品，同样的也属于销售收入。

产品招商：他们希望更多的品牌入驻这个线上商城，我们可以理解为品牌在付费使用平台，这种情况下产品招商的收入属于使用权转让收入；产品招商的收入也可以理解为我们提供匹配资源的技术的佣金；还可以理解为一种为入驻平台会员提供服务的会员收入。

流量广告：当用户群体足够大时，在平台上展现广告又可以赚取广告收入。

培训机构入驻：和产品招商一样，可以理解为平台使用权转让收入，也可以理解为中介收入、会员收入。

自有赛事报名费：本质是商品售卖，就变成了销售收入。

赛前培训课：本质是出售课程商品，也属于销售收入。

认证培训班：同样的，属于销售收入。

足球夏令营，自己办就属于销售收入，匹配第三方资源就属于中介收入。

赛事广告赞助：广告收入。

球员商业代言：广告收入。

体育文化交流：经营收入。

总结一下××体育的收入，可以归纳为以下几种类型，如图10-4所示：

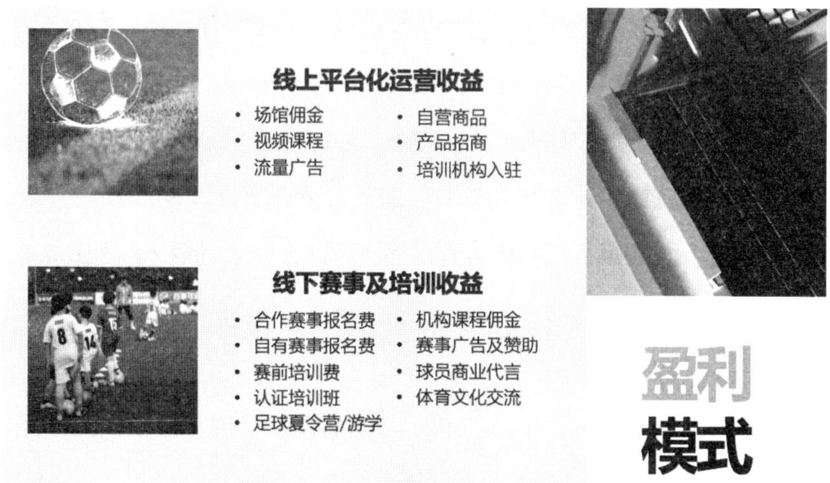

图10-4 ××体育的盈利模式

发现没有，任何一项收入都逃不开这6种基本收入类型。只要掌握了这6种基本收入类型和它们在具体项目中的成本构成，我们就能很轻松地计算出利润。

案例2

再以电竞俱乐部为例，看看它的盈利模式。

从产品类型上，我们把电竞俱乐部的产品归纳为4个大的板块，在前面的内容中已经提及：俱乐部场馆运营、俱乐部赛事运营、电竞人才教育培训、VR内容开发制作。

仔细来看第一个板块——俱乐部场馆运营。

高配置电竞设备使用费属于什么收入类型？租赁收入。

VR产品体验费属于什么收入类型？同样的，租赁收入。

直播间及设备使用费属于什么收入类型？依然是租赁收入。

高速Wi-Fi使用费属于什么收入类型？还是租赁收入。大家可能会混淆高速Wi-Fi使用费和高配置电竞设备使用费，在设计之初，高速Wi-Fi使用费是供手机端使用的，所以我们做了区分。

休闲餐饮消费属于什么收入类型？产品售卖收入。

招商加盟费属于什么收入类型？加盟会员订阅收入

作为练习，大家可以对电竞俱乐部其他3个板块的收入按照6大收入类型进行归类。

作业2

今天的第二个作业：将你的项目的收入，按照本节课讲的方法进行分类，分别填入下列表格对应的位置。

这个作业非常重要，大家一定要完成，因为它关系到后面的财务预测能否计算出利润。

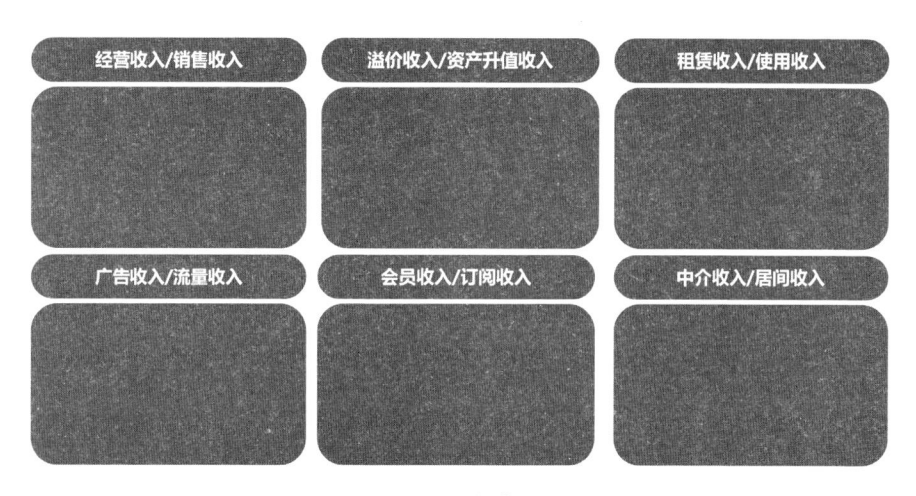

经营收入/销售收入	溢价收入/资产升值收入	租赁收入/使用收入
广告收入/流量收入	会员收入/订阅收入	中介收入/居间收入

图10-5 分类填写收入

盈利模式对于每个创业项目都非常重要，好的盈利模式具有多元化的特征，即收入来源不单一。

如果把商业模式、产品策略、盈利模式看作你对公司微观层面的精心设计，那么产业布局就是将眼光再放远一点，从宏观角度考虑公司未来所在行业甚至产业的位置。下节课我将重点讲讲创业者如何进行产业布局。

好了，本课时到这里就结束了，咱们下节课再见。

第11课

产业布局

▼

欢迎来到本课时学习，我希望你们带着下面几个问题阅读本章内容：

什么是产业布局？

产业布局包含了哪些内容？

为什么要布局其他产业？

我该怎样描述我的产业布局？

本节课的内容，我们将从产业布局的定义、什么是关联产业以及描述表达三个层面展开。

产业布局，构建商业蓝图

产业布局，是从公司横向扩张和纵向发展层面呈现的一幅商业蓝图，目的是为公司获取更多资源，更广阔的天空，它是一个无法在短期内实现的、用来建立庞大的商业帝国的未来规划。

产业布局考验的是创始人对商业趋势的洞察。

那么，怎样理解产业布局呢？产业布局简单描述就是：我们从单一个体，组建团队，到形成公司，再到将多个公司或者说多个利益共同体深度绑定（方式包含股权分配、收购兼并或者对外投资），形成具有一定规模的企业，再将多个规模企业绑定，形成大的控股集团，乃至跨国集团的商业蓝图的规划过程。

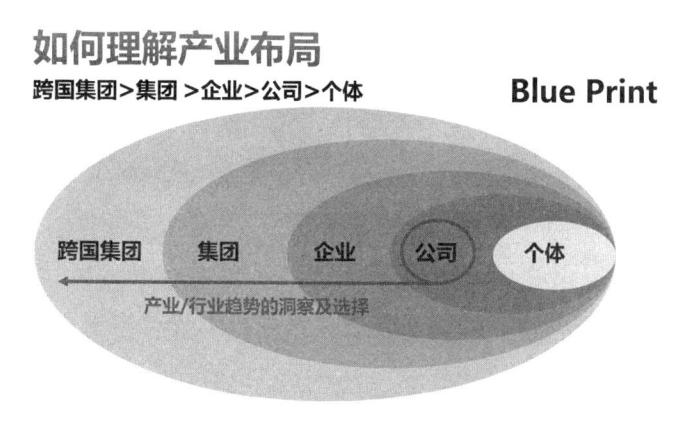

如何理解产业布局
跨国集团 > 集团 > 企业 > 公司 > 个体　　Blue Print

跨国集团　集团　企业　公司　个体
产业/行业趋势的洞察及选择

图11-1　产业布局路径

产业布局是创始人将公司发展成为跨国集团的过程中，对产业以及行业趋势的洞察和选择。

滴滴的产业布局

我们以滴滴公司为例来了解一下产业布局。图11-2是两张企查查统计的滴滴的股权穿透图。

从左边这张图我们可以看到，在第一梯队里，北京小橙科技有限公司（滴滴母公司）对外直接投资和作为核心持股股东持股的公司有30多家。这些公司的性质包括科技公司、信息技术公司、传媒公司、投资公司……五花八门。外围的第二梯队的公司又各自为政，分别由几个核心的股东控制着。

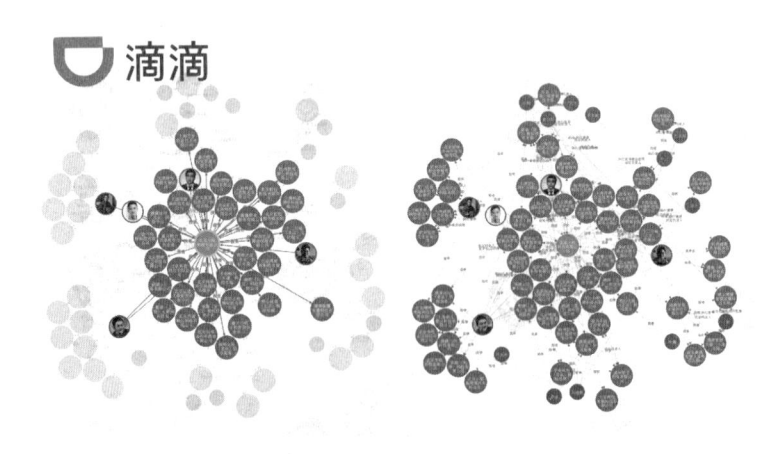

图11-2 滴滴庞杂的股权结构

为什么一个公司要搞这么复杂，对外投资或者控制这么多类型的公司？

我们来看看滴滴的商业蓝图是怎样从一个业务展开扩张的。

最开始的滴滴是一个对接有打车需求的用户和出租车的平台。在发展的过程中，滴滴展开了各种各样新的业务，如让私家车与平台合作，出现了顺风车、专车以及快车，给打车的消费者提供更多的选项。早期还没有那么大的知名度的时候，滴滴平台的个人司机数量还没有现在这么庞大，滴滴公司就去找很多汽车租赁公司来合作，滴滴与租车公司利益绑定，你把你的车长期租给可以在我的平台提供接单服务的司机，我给他们派遣稳定的订单量，让这些租车的司机能够获取稳定的收入来支付车的租金。

还记得咱们在第8课时商业模式模块学到的知识点吗？商业模式就是利益相关者的交易结构。滴滴通过拉入新的利益相关者——租车公司，由租车公司负责招募司机，成为这个平台的合作方或者代理人，从而优化了他们之间的交易结构。

很多人就会很好奇：滴滴刚开始不是主打和个人有车一族合作吗，他们哪有找租车公司合作？这就是你只知其一不知其二了。主打和个人有车族合作，其实是一个理想化的品牌愿景，但在实际操作中，假设随着平台的推广，更多的用户知道了可以从这里叫车，用户数量增长很快，数量变得庞大，如果一个一个找个人有车族来合作，如何短时间内承接这么庞大的订单数量呢？

拉入利益相关者租车公司能帮助滴滴快速实现订单的承载，弥补自身承接能力的不足。这个时候滴滴公司需要一个新的公司主体，去和全国各地的租车公司建立利益关系。这个新的公司主体成为滴滴承接能力的有效保障。

滴滴第二波开展的业务，就是代驾，也是在与优步厮杀的过程中出现差异化的业务板块。收购了优步中国之后,随着共享单车的兴起,滴滴出行又收购了共享单车品牌,接着展开了货运、搬家的业务。

一下子,所有跟出行有关的场景,都能通过滴滴软件来实现了。

后续增加的加油充电业务、金融服务、电商服务,为用户提供了增值服务。再到后来投入大量资金布局无人驾驶,为的就是有一天无人驾驶技术成熟,自己能够依然存活在这条赛道上。

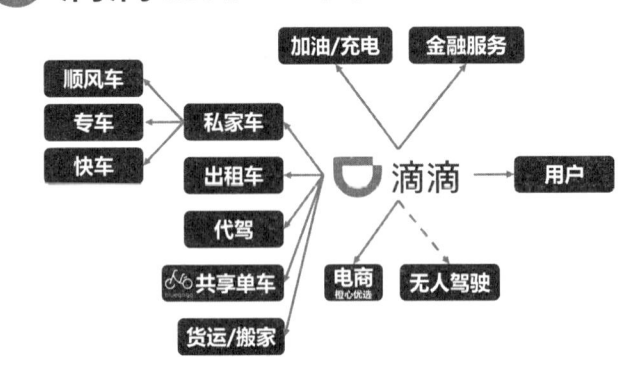

图 11-3 滴滴的产业布局

平台每一次新业务的展开,都需要新的公司主体或者团队去帮助它实现这些功能。投资成熟的公司或者团队,为实现自己的宏伟商业蓝图打下了基础。这就是滴滴的产业布局。

百度的产业布局

我们再来看看互联网公司百度的股权穿透图,见图 11-4。

同样,第一梯队公司是直接投资的,第二梯队公司是间接投资的,想要达成的效果与滴滴是相同的。

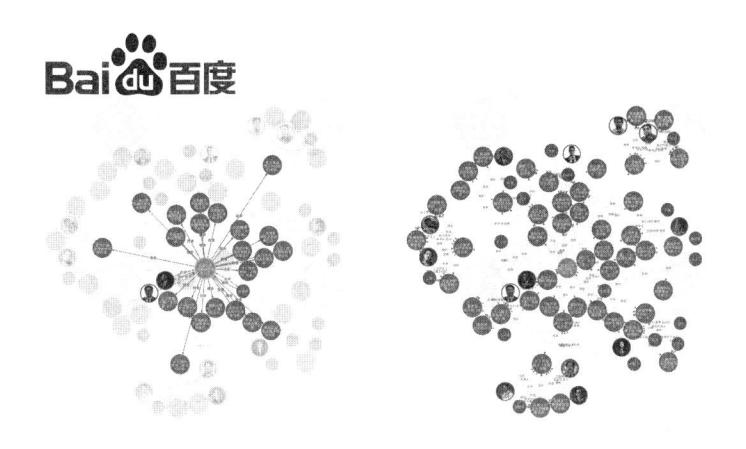

图11-4 百度的股权结构

资料来源：企查查

我们来看看以搜索引擎起家的百度的商业蓝图包含了什么内容。内容看起来非常繁杂，项目数量众多，搜索服务包含了12个项目，新上线的项目有13个，站长与开发者服务包含23个项目，社区服务包含19个项目。其他业务板块就不一一列举了，想要具体了解的同学可以上官网查看。

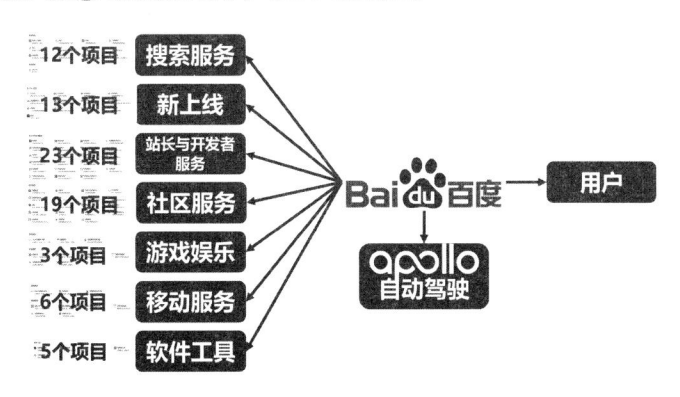

图11-5 百度的产业布局

字节跳动和美团

同样的案例还有很多，比如字节跳动和美团。图11-6是这两家公司的股权关系图。从关联公司数量上看，是不是都非常的惊人和庞大？建议有条件的同学深入挖掘一下这些互联网巨头们的股权关系图，分析关联公司旗下的业务和主体公司业务的关系，这样可以更好地理解产业布局这个概念。

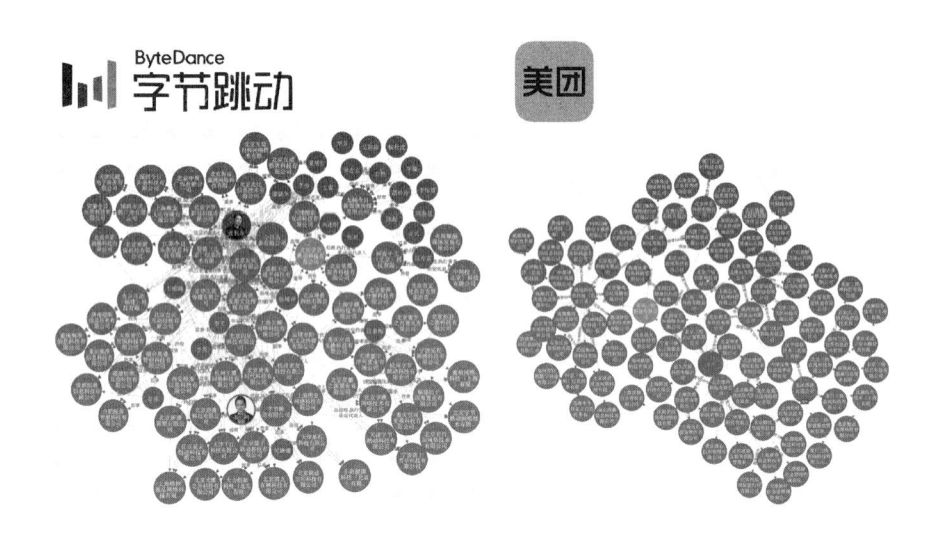

图11-6 字节跳动和美团的股权结构

资料来源：企查查

产业布局的层次

理解了产业布局的概念，我们来看看产业布局的层次。我们可以粗浅地把它分为区域性布局、全国性布局以及全球性布局。

产业布局的层次

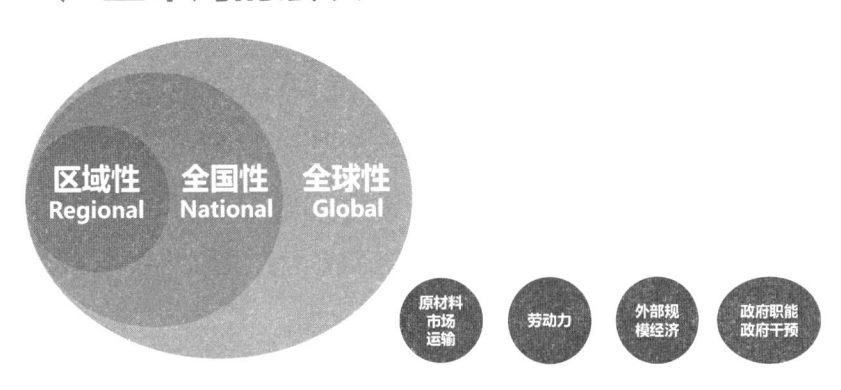

图 11-7　产业布局的层次

怎么理解呢？以你项目所在地为出发点，比如说，目前在做的项目在成都，因为团队都集中在成都，业务范围无法扩展到成都以外的地区。为了能覆盖到其他的城市，你就要去别的城市建立分公司，或者找利益相关的合作伙伴合作。这样，你的项目业务范围就能够覆盖到华南、华东等区域。这就是区域性布局。全国性布局类似，比如加盟连锁店蜜雪冰城，基本上全国各地都有它的品牌加盟商。国内的抖音、海外的TikTok是字节对短视频项目的全球性布局。

那么，为什么会出现产业布局的层次化需求呢？我们举例说明。

我们都知道东三省是大米的核心产区，当地的大米物美价廉。如果你是一家做大米糕的公司，为了能够拿到更有优势的大米价格，或者说为自己创造更大的利润空间，你可以选择在东三省建厂生产大米糕，充分利用当地的资源。这时，你的产业布局就是区域性的，在东三省区域内。原材料的产地、当地的用户数量、相应地区的服务配套成熟度、运输成本等都能够影响企业的区域性布局。

劳动力的分布也可以影响产业布局。比如早期的国外服装企业为了节约人力成本，来中国建设工厂，招募大量的劳动力，因为劳动成本低，能为企业带来更大的利润空间。

如果本国的需求量小，但是国外的需求量大，可以选择将业务延伸到国外来为企业增加利润。跨境电商就是一个很好的案例。中国生产的很多东西物美价廉，但是国外相应的产品成本高，跨境电商利用贸易来赚取国内外的价格差，为企业带来更多的利润。

政府政策，如对某些特定产业提供税收优惠政策、提供招商引资的便利条件等，同样也能吸引企业来到该地区发展，从而对企业的产业布局产生影响。

从本质上来看，产业布局很重要的目的之一是降低企业发展成本，谋取更大的利润空间。

产业布局的表达方式

下面我们来看看产业布局的方式。

随着项目的发展，你需要对相关产业进行提前规划布局，核心围绕人才+项目+资源。如果我们对产业布局表达用计划机制和市场机制两个维度来衡量，那么计划机制是我们对新增需求的预测，即根据预测制订的计划，市场机制就是我们实际上对新需求的满足。这样讲有点抽象，我用图11-8来解释一下。

产业布局的方式

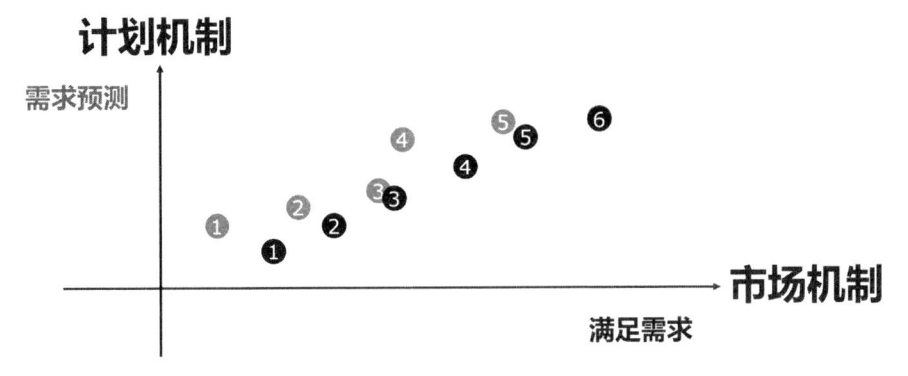

图11-8 产业布局的方式

图上一共有12个点（6号点重合），上方的点代表你对新需求预测做出的计划，而下方的点则代表实际情况下被满足的需求。计划往往是会偏离实际情况的，但是我们通过不断完善计划，考量实际市场情况，到了3号点时计划与实际已经部分重合。

又经过两次调整，在第6个点时计划和实际实现了完全重合，计划完全满足了实际需求。我们要做的产业布局，说白了，就是你对该产业的布局计划逐渐满足该产业的总体实际需求的过程。计划不一定每次都要与实际重合，但是在产业布局计划里，你需要将你对产业布局的规划呈现出来。

本质上产业布局是你在未来10~15年能做的、和你项目相关产业链关键环节的统计。我们盖一栋摩天大楼，盖得越高，地基就要挖得越深。我们对项目的产业布局，就是在地基没挖好之前，想象整栋大楼盖好的样子。

产业布局的表达方式

产业布局：在地基没盖起来之前，想象整个大楼盖好的样子

未来10-15年你预测能做的事
和相邻产业链关键环节的统计

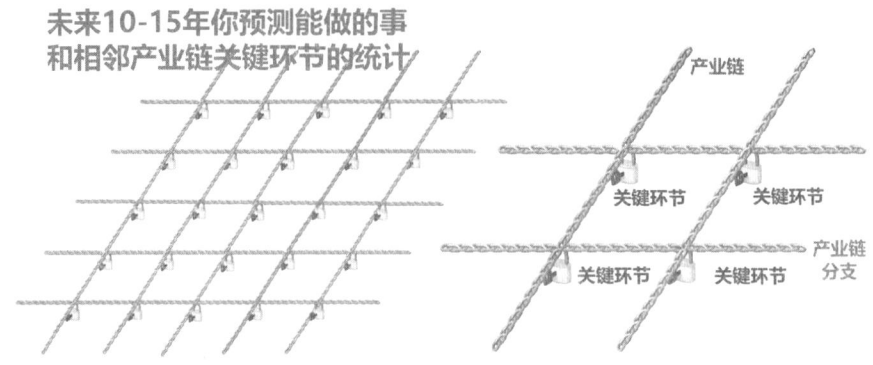

图11-9 产业布局规划设计

我们来回顾一下上面水煮鱼的案例。从捕鱼到变成一道菜，我们把每个关键环节看成一条链上环环相扣的连接点，你会发现各环节除了在某一条产业链里环环相扣，还会和其他产业链有交集，这些产业链互相交织形成了一条巨大的网。

产业布局的表达方式

未来10-15年你预测能做的事
和相邻产业链关键环节的统计

图11-10 产业布局表达方式

如果把鱼市当作一个关键环节，还会有轮船运输、货车运输、菜市场、团购电商、上门配送等相关产业链分支出现。创始人要做的产业布局，实际上也是对业务涉及的相关产业关键环节的趋势性设想和计划。

案例1

我们以电竞项目为例，学习一下产业布局的表达。电竞项目的产业布局是从俱乐部场馆运营切入，搭建场馆内容运营体系，通过赛事组建电竞战队，整合电竞俱乐部资源，搭建培训体系，为电竞行业输出人才。

这里面涉及新实体——电竞馆，关键环节是教学训练、电竞直播、模拟对战、休闲消费。同时涉及新商业——电竞商业服务，包括线下自有赛事、三方赛事执行和VR内容制作。还涉及新教育——电竞教育培训，包括电竞产业研修班、企校合作办学、电竞夏令营。总体上形成了新经济——电竞产业基地，业务包括电竞赛事IP、电竞内容制作、电竞场馆联盟。

图11-11　电竞产业布局

同学们可以认真看一下每个关键节点下面的解释性文字。这张图里我们是不是搭建出了自己摩天大楼的完整框架？而项目产品介绍、商业模式和盈利模式设计等，又能为这幢摩天大楼夯实地基。

> 案例2

我们再来看一下××体育的案例。

××体育的产业涉及：

新体育——××体育APP，业务包括体育商城、培训课程、内容社交、体育经纪。

新实体——××旗舰店，业务包括运动体验中心，商品、服务和衍生品。

新商业——体育文化小镇，业务包括智能场馆、场地联盟、运动器械、可穿戴设备。

新经济——产业融合基地，业务包括养老社区、素质拓展基地、影视基地。

图11-12　××体育的产业布局

总结

好了，通过上面两个实际的案例，我们学习了产业布局的表达方式。这里我用了一个"新"字开头，总揽全局，不管是老葫芦装新酒，还是新葫芦装老酒，表达要突出一个"新"字，例如上面的案例用到了"新实体""新商业""新经济"等，从宏观视角归纳你项目的新颖之处。

核心业务，环节清晰，将你项目所涉及的产业链关键点表达出来，与产品环环相扣。

简明扼要，点到为止，一句话解释，不用赘述，这样也能让阅读的人有一个概念，同时产生思考。

类目清晰，Icon分明。主业务、子业务，主板块、子板块，分门别类，用一个Icon图标来表示其中的关键节点。

作业

这章只有一个作业：用今天所学的知识，按照图11-13的模板，写出你想从事的行业和产业布局。

第一栏，是现在已经在做的业务；第二栏，是项目马上要开始做的业务；第三栏，是未来可能会做的项目；第四栏，与产业大趋势相关的业务。

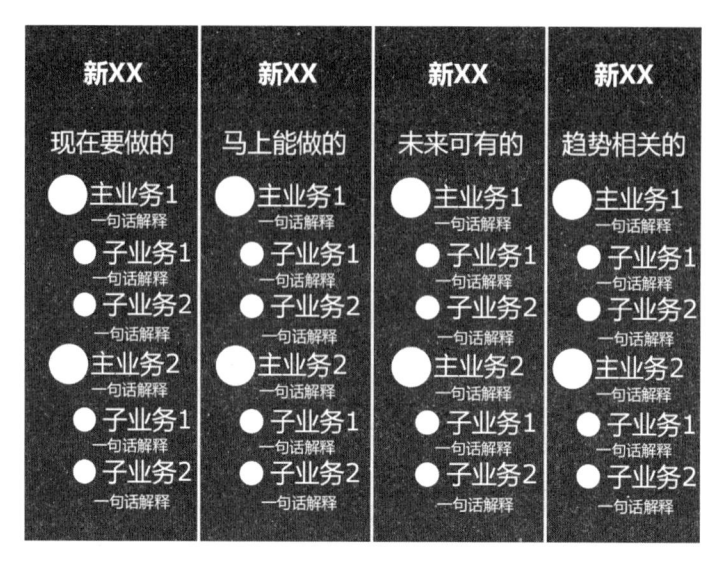

图 11-13　规划产业布局模板

产业布局规划的关键点是，要想象一下你的项目在未来10~15年的样子，预见会发生什么样的颠覆。

关于产业布局的内容与个人实际的知识、经验有关，如果你希望投资方看到你的长远规划，并且能为自己提供人脉和资源，关于产业布局规划的描述是很必要的。

了解了怎样描述公司未来10~15年的宏观发展布局，下一章我们就来学习如何拆解这些发展规划，将它们落实为自己的战略目标。

好了，本课时到这里就结束了，咱们下节课再见。

第12课

发展规划——设定战略目标

▼

欢迎来到本课时学习,这节课主要围绕"发展规划"展开讲解。

发展规划,是为创业项目设定战略目标,是在商业计划书中描述创业项目的宏大前景,体现出创业者的格局和胸怀。

发展规划

发展规划是未来3~5年你能完成的事、要达成的目标。当然，这些都是在战略层面去考量的。

比如你要开连锁餐厅，战略目标是打造国学文化戏曲品牌餐厅。我们需不需要在BP上体现我要怎样招募员工，我要怎样选址，我要怎样摆盘呢？答案一定是不用的。这些琐碎的细节虽然包含在你要开餐厅这个战略目标里，但是详细的计划如果罗列出来，内容就太多了，别说一页PPT了，可能100页也不够用。

在这里需要领会的是战略目标和执行计划的区别。执行计划虽然也很重要，但是你不需要写在商业计划书里，那在商业计划书里应该怎么写发展规划呢？

举个具体的例子，比如总的战略目标是打造国学文化戏曲品牌餐厅，战术目标就是如果我要做连锁，需要先打造出一个旗舰店。当旗舰店成功运营一段时间之后，不管是加盟连锁，还是自己扩张直营，通过对这家餐厅的规模化复制，我们就可以在各个城市间扩张了。可以再来一个战术目标——多品牌联营。

我们不可能先复制扩张，再样板打造，对不对？样板都没有，你怎样去复制呢？所以，这里要注意逻辑上的顺序。这些都是和项目本身的

发展规划（战略目标）

未来3-5年你能完成的事，达成的目标

- ✓ Goal （战略目标） 打造国学文化戏曲品牌餐厅
- ✓ Obejective （战术目标） 样板打磨　　城市扩张　　多品牌联营
- ✓ Priority （优先级） 选址装修　新品研发　标准化管理　加盟策略　新品牌建设　加盟策略
  营销推广　　　　　营销推广　　　　　营销推广
- ✓ Relevance （关联性） 商业模式　　盈利模式　　产业布局　产品策略

图12-1　由点到面的发展规划

商业模式、产品策略、盈利模式、产业布局息息相关的。

我们可以把发展规划理解为，将你要完成的事情按时间落地顺序罗列出来。由点到线，由线到面，由面到体。

这个点是非常重要的，它是形成线的关键，我们根据这个关键点制定相应目标。

再往后，当我们有了多个点可以组成一条线，根据这条关键的线制定相应目标。当我们有了多条线，就可以组成面，再根据这个面制定相应目标。同样的，当我们有了多个面，就可以组成一个体系结构，再依此制定相应目标。

所以说，战略目标的定制，是找到项目发展的每个重要关键事件点，我们把它归纳出来得到的就是企业的发展规划。

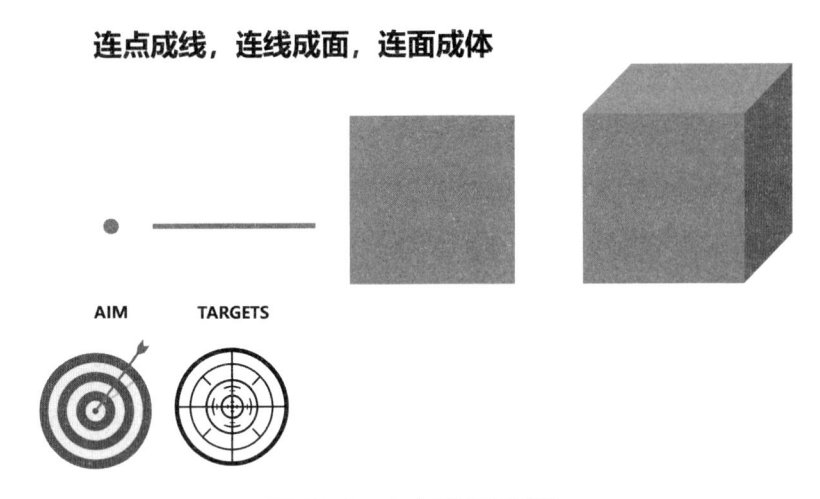

图12-2　由点到面再到体

拆分目标

听到这里可能有些同学还是很困惑：到底什么是由点到线，由线到面，由面到体？

其实发展规划就是对目标的分解过程，点、线、面、体对应不同的目标。具体对应到发展规划里，我们来看看目标是怎样被拆分的。

仍然以餐饮品牌为例，首先，大目标是将品牌打造成为全国性连锁餐饮品牌，这是战略目标。

我们把这个目标再具体一点，战术目标出现了：一线城市加盟扩张30家店，二线城市加盟扩张100家店。

我们再把目标向下细化，需要干什么呢？验证标准店的模式。然后呢？标准化餐饮管理、供应链管理建设、自营3家店……

成功运营了1家店，我们才能琢磨这家店的模式能不能用到第二家店里，对吧？然后我们再细化一下目标：选址，装修，设计产品，营销，还要做口碑……看到了吗？我们的大目标就是这样被拆分的。

连点成线，连线成面，连面成体

AIM	TARGETS	OBJECTIVE	GOAL
· 装修 · 产品 · 营销 · 口碑	· 模式验证 · 标准化餐饮管理 · 供应链管理建设 · 自营3家店	一线城市加盟扩张30家店 二线城市加盟扩张100家店	将品牌打造成为全国性连锁餐饮品牌

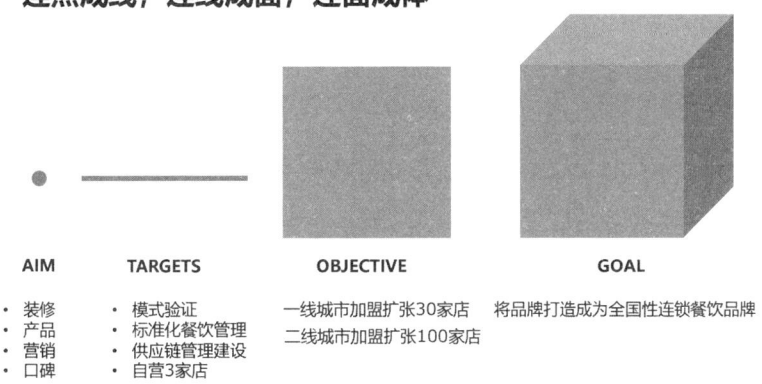

图 12-3　拆分目标

案例 1

我们来看一个实际的案例，还是××体育的案例。

发展规划

2020　足球青少年综合服务平台
- 完善线上平台内容及产品
- 通过IP影响力及院校推广获得种子用户
- 打造VR看球等体育特色产品技术，提升用户体验
- 城市合伙人计划的落实与实施
- 利用IP热度展开全国性赛事及区域性赛事的组织与安排

2021　××体育线下旗舰店
- 线下旗舰店实体营培训中心打造
- 城市合伙人计划加盟体系改革
- 线上引入更多元的体育类项目增加目标受众人群范围
- 完善体育馆服务，沉淀B端客户服务
- ××节目IP体育文化特色小镇开发

2022

2023　IP产业运营服务商
- 线上平台覆盖全国体育爱好者群体，实现规模化效应
- 线下门店覆盖一线城市及部分新一线城市
- 利用体育产业运营经验及优势横向拓展其他六大幸福产业
- ××节目IP体育文化特色小镇实现盈利
- 具备完整的IP+产业运营能力Pre-IPO

图 12-4　××体育发展规划商业计划书展示

175

2022年至2023年，将目标定为IP产业运营服务商，是不是又拔高了一个高度？

做APP的怎么突然变成IP产业运营服务商了呢？××体育刚开始时是做足球类节目，用节目IP带动足球产业，那是不是可以打造篮球IP带动相关产业呢？这从本质上是不是一种模式复制呢？和餐厅多复制了几家店没有区别，只是这种复制可能不会像餐厅那么容易实现。

创始人在写发展规划的时候，定的目标体现在BP中就是各个数字，要反复斟酌，量力而行。目标要看起来可实现，但是距离你的实际又有一些距离，随着商业项目的推进，到达那个水平也是情理之中。

一般写连续三年到五年的计划即可。

案例2

我们再看看电竞项目的发展规划：

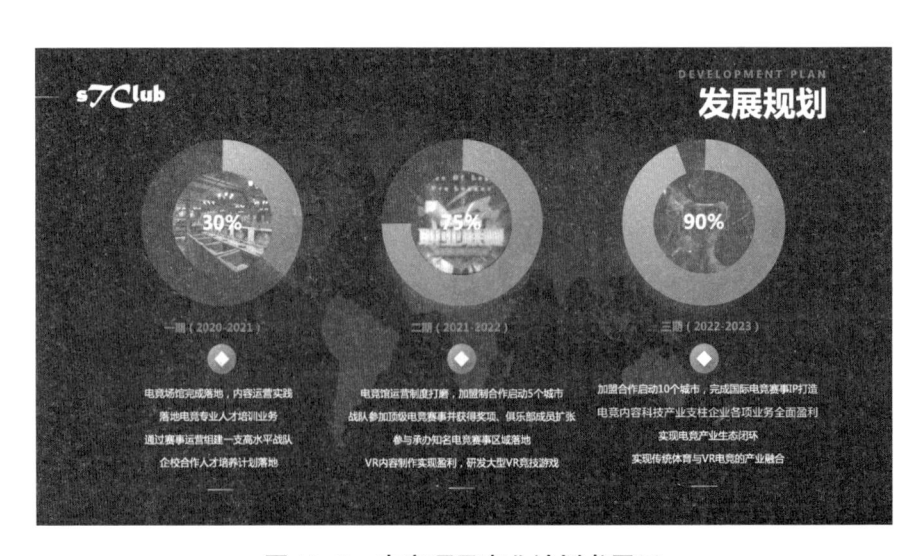

图12-5 电竞项目商业计划书展示

从图12-5我们会发现，第一期的规划跟商业模式中的产品策略是关联的——要先落地；在写这个BP的时候，还没有出现元宇宙的概念，但是在第三期规划最后一点说的其实就是元宇宙的内容了，这就是创始人写BP的时候需要有的前瞻性。

总结

最后，我们来总结一下发展规划怎么写：
简明扼要，提炼重点；
时间顺序，严谨把控；
计划落地，凸显执行；
目标达成，数字说话。
这里的"数字说话"一定要注意，切忌说大话、空话、不切实际的话。

作业

本章的作业来了：
用本章所学的内容，将你的项目发展拆分出战略目标、战术目标、项目目标（战术目标下的细分目标）、项目执行目标四个维度，填写完成表12-1：

表12-1 项目规划目标拆分

年度	战略目标	战术目标	项目目标	项目执行目标
2024				
2025				
2026				
...				

填写完要进行自我检测，方法是用下一级目标对上一级目标进行检测。比如你写了10个项目执行目标，如果都达成了，能不能实现写的5个项目目标；5个项目目标实现后上面的3个战术目标能不能达成；3个战术目标实现了，你的战略目标是不是也能实现。

这个作业非常重要，是考验创始人能否为结果负责，制定合理目标的关键。

好了，本课时到这里就结束了，咱们下节课再见。

第13课

团队介绍

▼

欢迎来到本课时学习，这节课将解锁4W2H中的"Who——由谁来做？"。

与其说是在问谁来做，不如说是在问做成这个项目的人应该具备什么样的特点。

我希望你们带着以下几个问题阅读本章内容：

你和你的团队过去有哪些成就？

过往的经验对现在的创业项目有什么帮助？

创始团队的学历和工作背景是否和你的项目匹配？

创始团队是一群什么样的人？

如何调度外部资源辅助现在的创业项目？

本章节内容中，我将围绕创始团队、团队架构以及对顾问团队的介绍来展开讲解。

创始人和创始团队

"Who——由谁来做"决定了项目成败的关键,是否找到对的人,是投资方通过商业计划书判断创始人是否会用人的关键。

最开始,投资都会有一个误区,认为只要项目足够优秀,创始人一定能做成功,但经历了数十年的创业和资本的发展实践,投资理念还是回归了简单的4个字——事在人为。

我希望大家思考一个问题:

如果你是投资人,你会选择:

一流的团队,二流的BP?

二流的团队,一流的BP?

大家可以暂停,思考一下这个问题。

揭晓答案——选择第一个。毋庸置疑,初创项目当然是选择一流的团队。作为公司的创始人,选择什么样的人和你一起创业,就显得格外重要。这也就不难理解为什么我们在BP上呈现团队优秀的能力同样非常重要。

在写BP时,我们要从哪些方面呈现团队的综合能力呢?

我们都知道,一般的公司和单位在招聘人才的时候,都会看他的简历。我们思考一下,一般工作简历上面都会有哪些体现候选人能力的内容和关键指标。

创业经历、从业经历、学历背景、业绩背书，主要是这些，对吧？

从创业经历中，我们需要了解的是他是不是一个连续创业者，有没有过成功创业的经历。

从从业经历中，我们需要了解的是他有什么样的行业经验，都掌握了哪些工作技能。

从学历背景中，我们需要了解的是他的专业是否匹配目前的岗位。

从业绩背书中，我们需要了解的是他过往多做出过哪些成绩，具体的能力有哪些。

其实在写BP时，也要从创业经历、从业经历、学历背景、业绩背书四个方面去呈现创业团队。

还有一个很关键的点，也是容易被创始人忽视的，那就是人才识别。这是体现创业项目团队分工，能力互补的重要核心，也是投资人看你会不会用人，有没有优秀的同伴陪你创业的核心。

换句话说，投资人就是用这五大维度，评估创始人与创始团队的综合能力的。

我们在做团队介绍的时候，一定向团队成员要到他们的工作简历，提炼出这五个维度的精华。

内部团队架构

那么，如何评判一个创始人的人才识别能力呢？这就和团队架构有很重要的关系。作为项目的"灵魂"，核心团队显得非常重要，同样也能体现出创始人的"人品"与"人格魅力"。

我们来看看，一般的内部团队架构是什么样的。

首先是创始人，管理者创始团队或者叫联合创始人。一般这个团队的人的职务都是C打头的，如CEO（首席执行官）、CFO（首席财务官）、CMO（首席营销官）、COO（首席运营官）、CPO（首席产品官）……

这里面要理解的是，创始人不一定非要是CEO，也可以是CMO，负责整个项目的市场营销，或者COO，负责整个项目的运营，还可以是CPO，负责整个项目的产品，或者CFO，负责公司的财务税务管理。

可能有些人认为，这样的架构安排常用于互联网公司。如果传统行业公司也这样安排，有一个好处，就是能够直观地判断出创始团队的人才是怎么分工的。这也是团队架构一种清晰的表达形式。

除了创始团队，还有下一级别的核心团队。他们分别由创始团队管理。

CMO管理一个或多个MD（市场总监），COO管理一个或多个OD（运营总监），CPO管理一个或多个PD（产品总监），CFO管理一个或多个FC（财务主任）。

再下一个级别就是普通团队成员，如MM（市场经理），OM（运营经理），PM（产品经理），CM&AM（财务和出纳）。

这样的结构下可以很直观地看到，每个人各就其位，各司其职。每个人擅长的领域不一样，他们的工作职能就不一样。

当然，这是理想状态下的团队架构。现实是需要根据项目发展的优先级去匹配人才。比如，公司现在产品还没出来，我是不是可以找一个优秀的产品人来做首席产品官，先把产品做出来。产品出来了，需要有人运营，再从优秀的候选人中选出首席运营官……总而言之，架构要贴合实际的项目发展，人才配备越齐全，越优秀，越好。

错误的团队描述

在商业计划书的团队描述中，常见的错误表达方式包括：

（1）所有的团队成员都是副总裁或者合伙人，没有具体的职能划分，也并没有明确出团队成员各自擅长什么，有过什么样成功的经验。

（2）在写出了创始人的资历背景后，没有设计公司架构。哪怕目前团队只有你一个人，也必须规划好公司的组织架构，明确人才库搭建的方向。

（3）以梦想开头，以梦想结尾。介绍中自始至终未提过创始人有哪些经历、业绩，以及你的经历是否与现在所做的项目和行业相关。这一点非常重要，创始团队经历与行业的相关性越高，越有助于降低试错成本。

（4）从头到尾没有出现任何团队成员和创始人的介绍。这种错误最常见，主要是因为很多创始人以为投资人只看项目，不看团队。

外部团队

有些同学可能就会思考了：有内部团队架构，会不会有外部团队呢？的确是有的。

建议每一个创始人在建立自己人脉资源的时候，规划一个外部的团队资源。他们可以是行业专家、学术专家、领域专家、协会专家……这些专家用好了，会让你的创业项目大放异彩，形成你独有的智囊团。

我来介绍一下，这些专家对创业项目有什么样的作用。

行业专家，他们精通某一个行业，在这个行业有15年以上的经验。当你需要做跨行业经营的时候，他们就是宝贵的人脉。比如说你做餐饮行业的SaaS服务平台，但是你并不熟悉餐饮行业，这个时候，一个有15年餐饮经验的人就可以作为你的外部资源。通过和他的沟通，挖掘出你的产品需求。

学术专家，他们在某一学术方面有很高的成就，比如你的项目是做乳胶枕，那么有一个睡眠医学方面的学术专家作为你的智囊团，能够起到权威背书的作用。这样的学术专家一般用于跨专业经营的项目。

领域专家，他们在某一个领域受到较高的认可。比如，你是一家传统的工厂的老板，现在想做无人化的工厂升级，那你就需要一个机械制造领域的专家给你建议。有很多实体的老板太传统，他们是最需要领域专家帮助的。

协会专家，他们在某一个协会，比如交通运输协会、物流协会，有一定的影响力，往往能够直接和这个领域的众多企业联系，与政府相关部门沟通。用好他们，能为你提供很多便利。

可能同学会说，这些专家我可以直接挖过来啊，当自己人用。把他们转化为内部资源要另当别论。一般专家如果他在本行业已经很久了，年龄也比较大，如果挖他们过来，可能会有什么结果？很可能是他没办法适应你公司的节奏，还有一个可能就是你提供给他的薪酬水准达不到他的要求。

创始人需要外部团队,来为你不擅长、不熟悉甚至陌生的领域背书。这些外部团队放在你的BP里,也能说明你的人才识别能力。

案例

我们以××体育管理团队为例来看BP中团队介绍的内容。

首先是孙××,创始人兼CEO。

孙××,中共党员,毕业于北京师范大学金融系,退伍军人……(此处介绍在部队如何优秀),多次荣获个人三等功,持有证券从业资格证、基金从业资格证、期货从业资格证等。

从业资质:十年投资管理经验。

为了让看到BP的人能够对孙××有一个更直观的认识和了解,我对他的个人简历进行了提炼优化,把他的主要创业经历分成了2个板块介绍。

金融从业到金融创业

2014年,在知名投资机构任职。虽然市场波动较大,但是拿到了很好的成绩。(我们可以描述为创造了丰富管理价值)

2015年,金融创业,成立了投资管理公司,做了基金经理,累计收益率达50%以上,实现各种增长。

产业布局到集团化发展

2017年,布局综艺影视、文化教育、体育产业等。完成对多家公司的天使轮投资和很多公司的并购重组。

2018年,金融产品管理规模超30亿元,完成实体产业布局。推动集团化发展,完善了公司治理结构和管理体系。

2019年，在集团公司金融+文体的战略部署下，成立了××少年公司，由×××控股，发布三年三步走计划，集团蓬勃发展，业绩突出。

这里要提醒创始人，在写自我介绍的时候不要那么低调，把你能拿得出手的业绩都体现出来。

下一个是重要管理人员和××，市场运营副总裁。

背景介绍

20年体育产业从业经验，涉足世界杯、奥运会等赛事的营销工作，具有丰富的体育营销实战经验。

从人民教师到传媒副总

1982年，成为一名教师，1999年任《××周报》总经理，2006年，任体坛传媒副总裁，2011年自主创业，创立×××公司。

转型成功斩获佳绩

（这里进行各种总结，把他亮眼业绩都整理出来写进BP里）

来看看对核心团队的介绍，我们一句话总结出来了——

既懂得IP又深谙产业发展的核心团队：

拆××，产品研发副总裁；王×，首席内容官；宁××，首席营销官；霍××，首席信息官。

重点的人物我们会单独介绍，对核心团队成员，要把他们的资历背景，干成过什么事情，罗列总结。这个我就不展开了，同学们回头自己看一看。

再来看看他们的顾问团队——何××，产业顾问。在背景介绍里引入了一段他说的话："在过去30年来，中国足球水平没有得到显著提高，青少年普及工作没抓好是一个重要原因。普及是选才的基础，只有抓好足球普及，让那些想踢球的孩子能够踢上球，我们才有可能发现更多的人才。"他认为开展校园足球活动是足球普及，提高中国足球水平的必由之路。

引入专家对你企业商业价值观认可的描述，衬托出你项目的必然性。来看看何××的介绍：

体育＋教育培训产业顾问，××大学中国体育产业研究中心执行主任……（各种头衔，获得过的奖项，参加过的重要峰会，都写进了BP里）

团队介绍到底怎么写

好了，那么团队介绍要怎么写呢？我也给大家总结了一个顺口溜，如图13-1所示：

头像清晰不自拍，职业照片摆出来
姓名职位不能少，学历标签择优挑
过往业绩讲数据，职业履历落项目
虚头巴脑大忌讳，模棱两可不容忍
能力缺陷要自知，外部资源来填充
团队优势一句话，精髓总结要到位

摆事实　讲数据　落项目　拉背书

图13-1　团队介绍顺口溜

"头像清晰不自拍，职业照片摆出来。"上面的案例中都会用到创始人或者团队的头像来做设计排版，所以条件允许的情况下找个专业拍照的机构，给你来一张公关照。

"姓名职位不能少,学历标签择优挑。"这部分内容包括姓名、你在公司担任的职务,学历介绍选择最高学历,当然如果你的毕业学校比较普通,不能给你加分,而你创业比较早,这里就淡化学历的描述,尽量体现你的创业经历。

"过往业绩讲数据,职业履历落项目。"创始人写创业经历的时候,尽量具象化,选好的方面写,比如你之前管理过300人的团队,但是没有多少业绩,那就写300人团队的管理经验。你做过什么样的项目,直接把具体名字写出来。像××体育团队一样,介绍过往的节目制作经验时,要把具体的项目写出来。这就是"职业履历落项目"。

"虚头巴脑大忌讳,模棱两可不容忍。"描述团队的时候,不要用虚头巴脑的形容词,也不要用模棱两可的词去描述团队。比如"操盘项目无数,职业履历完美",这样的描述假、大、空,千万别用。

"能力缺陷要自知,外部资源来填充"。我们写BP的时候要知道团队有什么样的短板,这样才能更好地挖掘外部资源来补齐。

"团队优势一句话,精髓总结要到位。"这里可以用一句万能的模板来描述——"既懂××又深谙××的核心团队"。把你团队成员具备的行业优势互补情况总结出来即可。

总体上,在团队介绍板块,我们要做到摆事实,讲数据,落项目,拉背书。

作业

今天的作业来了:

找一家照相馆,拍一张正式的职业照。将创始人的背景,用今天所学的方法整理出来,职业照可以晚点拍,作业里不要出现自拍照、大头贴,那样不专业、不好看。

有团队的同学,去收集团队成员的简历,也用今天咱们所学的知识,把他们的简历做成一页团队介绍,最好能让他们也拍职业照。

投资人了解了团队的成员,看到了团队架构的合理性,接下来就是我们展示核心优势内容的部分了。什么样的优势是核心优势?每个项目不同的核心优势如何判断?我的项目甚至没有优势,我该怎样建立起优势来?下一章节我们详细展开。

好了,本课时到这里就结束了,咱们下节课再见。

第14课

为什么只有你能做?

▼

欢迎来到本课时学习,这节课将解锁4W2H中的"Why you——为什么只有你能做?"。

我希望你们带着下面几个问题阅读本章内容:

你掌握了什么样的核心资源?

这些资源为什么只能为你所用?

你的产品有没有申请专利?

你的竞争对手是谁?他们和你有什么样的区别?

本章内容,我们将围绕资源优势、技术壁垒以及竞争优势展开讲解。

什么是优势资源

优势资源，简单的一句话描述，就是能为你查漏补缺、锦上添花的利益相关者，都是优势资源。可以从下面几个方面入手确定自己的优势资源。

渠道优势

优势资源可以是你多年积累的销售渠道/代理渠道。怎么理解？比如你是元气森林的老板，刚开发气泡水饮料的时候，大家都不知道你的产品，如果你在全国都有销售渠道或者产品代理渠道，打通了超市、火锅店、酒吧等场所的线下销售场景，能够让你的产品快速出现在消费者眼前，这也就意味着，销售渠道优势可以让你的产品短时间内提升销量。

不管你是做软件产品的，还是做餐饮连锁的，很多行业都存在销售渠道或者代理渠道。销售渠道可以自己来完成搭建，也可以通过与人合作来完成。

比如电子产品零售商城顺电，化妆品零售网站丝芙兰，运动鞋品牌集合店 The Shoes Bar，他们自己本身不具备产品的研发能力，而是通过集合同一类目的不同品牌资源，将自己打造成为了连锁渠道。如果你的产品能够入驻他们的连锁渠道，也能实现线下渠道的铺设。

当然渠道也可以自己建设，比如小米、苹果、华为等品牌的自营连锁店。他们本质上也是通过在全国建设连锁店，铺设自己的产品销售渠道。

当然，自建渠道和用别人的渠道各有利弊。品牌属性强的渠道，比如化妆品集合店丝芙兰，对入驻的品牌以及入驻的产品采购折扣力度要求是非常高的，国际品牌3~5折采购，产品的利润收到很大挤压。但是丝芙兰是全球性的化妆品购物平台，如果你的产品能够借其触达全球消费者，那么很可能在短时间内出现销量爆发式增长。

自建渠道成本高，时间周期长，效率低，所以绝大多数时候需要资本或者投资人的财务助力。

生产优势

优势资源也可以是你的生产工厂、合作工厂。对于工厂，我想问同学们一个问题：它的优势通过哪几个层面来判定？大家可以按下暂停键思考一下。

好了，答案揭晓，就是生产能力，简称产能。

产能是指单位工作时间内良品的产出数。怎么去理解生产优势呢？举个例子，当你的产品需求量很大，或者你的渠道销售量很大的时候，预测你的产品下一批销售量或者出货量有1000万件，这个时候，如果你合作的生产工厂完成这1000万件产品的生产，需要一年时间，那么也就预示着，即便有了订单，也会因为产品生产得不及时，而严重影响产品的销量。决定你能多快拿到产品的核心因素之一就是产能。如果你是工厂的老板，产能就是你强有力的优势。如果你是工厂的客户，产能也是衡量资源优势的一项重要指标。

原料产地优势

同样的，优势资源也可以是你的原料产地、原材料供应商。怎么理解？举个例子。同样是苹果手机的生产组装，富士康的产能非常了得。但是，如果苹果手机其中一个零部件，比如摄像头，这个原材料的供应不足，要生产1000万部手机，但是摄像头只有900万个，那么即便富士康的产能能在短时间内达成1000万部的数量，由于原材料零部件摄像头的缺失，也会导致最终的目标产能无法实现。

现实中还有很多这样的例子。

比如，我把燕窝做成了一款受欢迎的大众饮料，但是燕窝的数量和自然界的金丝燕等的数量有关，有很多不可控因素。即便我有强大的渠道优势，但是原材料的不足也会导致我的燕窝饮品无法实现预期的销售额。这就是常说的"卡脖子"。

这个时候，如果你和全世界每个地区的燕窝产地都建立了合作关系，掌握了庞大的燕窝原材料资源，那么燕窝原材料卖给谁，以什么价格卖，决定权就在于你了，换句话说，原材料资源成了你的资源优势。

合作伙伴优势

还有一种优势资源，就是咱们的合作伙伴。如果你是做服务业的，和你业务有关联的利益相关者可以成为你的优势资源。比如，你做了一个亲子游学的产品，暑假时家长带着孩子参加你的游学活动去参观名校，让孩子提前看到名校的生活，体验名校的学习氛围和百年历史。你的合作伙伴是哈佛、耶鲁等常青藤大学，那这些合作伙伴就是你强大的优势资源。

创始人要结合自身的情况，分析自己有什么优势资源。

当你有了明确的商业模式，你就能够有方向判断出哪些资源可以为你形成优势，也可以明确在没有优势资源的情况下，你应该主动寻找哪些资源，判断什么样的人是你的人脉资源。

看到这里，我们再反观上一章的内容，你也就能理解了，为什么核心团队的过往经历非常重要，因为你的项目合伙人可能就是你项目所需优势资源的持有者。相信看到这里，你们脑海里已经有很多可以合作或者想要合作的优势资源了。

如何描述优势资源？

那么，优势资源在商业计划中需要怎样呈现呢？

某服装品牌的商业模式是核心业务+利益相关者+营销触达。我们来看看它的优势资源是怎样表达的。

"湖南卫视战略合作伙伴"，用这样一句描述打通全渠道。具体内容中体现合作伙伴湖南卫视的LOGO，合作服饰参加活动的照片，合作过程的描述——"自2015年成立以来，先后与湖南卫视合作过100多档节目，为主持人及嘉宾提供晚礼服，累计合作100余位主持人及嘉宾"。

紧接着，对这100余人的商业影响力展开描述。

"×××，拥有750万粉丝，×××，拥有1528万粉丝，'80后''90后''00后'主力消费女性粉丝占比60%以上。"

再次说明了这些人对我们商业项目的价值。

最后是买手渠道描述。列举时尚买手渠道资源有哪些，高级定制买手资源有哪些，具体到地方名称。如果拿到这些渠道资源的LOGO，放在这里也能够更直观地体现出你的资源优势。

再来看看电竞项目的资源优势可以怎么描述。

在电竞产业上中下游均有合作资源，包含游戏运营商、直播平台、赛事运营商、外设装备等，全方位服务于电竞场馆运营。

在LOGO墙上，列出一些产业相关的公司LOGO或者品牌LOGO。

电竞产业教育与超竞教育（国内电竞教育品牌企业）达成战略合作，为教育培训板块做背书。

两个关键点

创始人要将自己手头上和项目相关的资源整理出来，理解自己能为这些资源带来什么样的价值。一切商业合作都是通过挖掘彼此的价值从而达成的。找自己的合伙人，需要经过对彼此价值的探寻，最终验证，从而达成深度合作。

你项目涉及的核心人群匹配对方项目的核心人群，能够提供客户导流的价值，那你们就比较容易达成合作。

举个例子，你是做房地产的，我们知道很多买房子的人，如果他手上有超过两套房产，第一套作为刚需，那么其他房产就可能是用来做资产升值保值的。这类人可以成为另一种项目——理财公司——的潜在客户。因为二者的客户匹配，你可以与理财公司合作，为客户提供一条龙的服务。

你们的项目是彼此的上下游，你捕鱼，他卖鱼，你可以作为他的产品的供应渠道，他成为你的销售渠道。你们深度绑定合作，有助于你捕上来的鱼的销售，而他从你这里进货，能够获得稳定的数量或者优惠的价格，双方达成一种深度合作，达到双赢的效果。

其实所有的商业合作，都离不开两个关键点：用户人群、上下游关系。有些同学可能会问：那不是还有品牌合作吗？你看，LV就和艺术家合作出联名款。其实，品牌与人物IP合作的核心，本质上依然是双方具有相匹配的用户人群。LV的客户和艺术家的粉丝是相匹配的。买LV的客户和买艺术家作品的客户，是同一类人，具有某种共同的属性。双方就某款包的设计合作，能够让双方的客户都耳目一新，从而让产品获得更多人的喜爱，让销量更好。

在第九课时的商业模式的设计中，不管是四川航空增加新的利益相关者车行，还是滴滴打车早期拉入新的利益相关者租车公司，本质上都是在为自己寻找优势资源。在对资源优势的描述中，要将这些被我们拉入的利益相关者具体呈现出来。

优势资源写作总结

这一部分的内容其实非常简单，我也总结了一个小的绕口令，方便大家记忆。

价值清晰，抱大腿。

背景强大，有名望。（明确能够带给对方的价值点，找到价值交换点，最好能找到比较强大或者口碑好的合作伙伴。而且你需要清晰地了解他们的优势，从而衬托你的优势）

资源独家，最有利。

资源唯一，你最大。（如果合作方能为你提供独家的资源，当然是对你最有利的。如果资源是唯一的，你可以发挥更大的价值空间）

资源LOGO，要体现。（有了好的资源方或者合作伙伴，一定不要藏着掖着，不管他处在你上下游的哪一个环节，都要去找他们的公司LOGO，将相关内容和LOGO放在商业计划书资源优势内容的介绍里，越多越好）

战略部署，全拿下。（不管是商业模式中涉及的利益相关者，还是在产业布局中涉及的潜在合作伙伴，当你能够有意识、有目标地寻找他们的时候，在投资人看来，也是一种难能可贵的能力）

其实更多的时候优质的资源是不会主动找上门来的，我们需要保持对市场资讯的灵敏嗅觉，有意识、有目的、有方向地去寻找优质资源。

作业

好了，今天的第一个作业来了：结合上一个课时的作业，在你设计好的商业模式中，找到你项目所在行业中的潜在合作伙伴的名称及LOGO，并详细描述你们之间的合作价值、利益点。

技术壁垒

独家资源能为你的项目建立"护城河"，让竞争者无法超越，甚至模仿，在技术层面，同样也可以打造一条"护城河"，提高别人模仿你的成本。这就是接下来我们要学习的内容——技术壁垒。

什么是技术壁垒？简单地讲，就是让别人无法模仿你，或者让他模仿的成本变高的一道安全防护墙。

申请专利保护就是我们常见的一种技术壁垒形式。

例如，苹果公司在2023年获得2536项专利，比2022年增长11%。可见，苹果公司对技术壁垒的重视程度。然而尽管如此重视，苹果获得的专利数量在美国排名第七，与第一名的6165项专利差距明显。

知识产权

我们接下来了解一下，怎样为自己的产品或项目提高技术壁垒。

技术壁垒的核心就是知识产权。什么是知识产权？公民或法人等主体依据法律的规定，对其从事智力创作或创新活动所产生的知识产品所享有的专有权利，又称为"智力成果权""无形资产权"。

大体上我们把知识产权分为两种：创造性成果权利、识别性标记权利。

创造性成果权利包含发明专利权、集成电路权、植物新品种权、Know-How技术权、工业品外观设计权、著作权或者版权、软件权，以及其他科技成果权。

识别性标记权利包含商标权、商号权，以及其他与制止不正当竞争有关的识别性标志权。

专利布局

专利申请是一件专业的事情，有专业的服务机构。专利申请成功后，会得到发明专利证书、实用新型专利证书、外观设计专利证书等三种证书。我们来看看它们分别意味着什么。

第一个,发明专利证书,是对发明专利的保护。

当你的产品或项目,从无到有,创造性地解决了技术上的难题,针对产品、方法或者其改进所提出的新的技术方案,可以申请发明专利。这里面的细则很多,当大家有这个想法的时候可以咨询一下相关机构或者律师。

第二个,实用新型专利证书。当你的产品或项目对产品的形状、构造或者其结合提出适于实用的新的技术方案,可申请实用新型专利。

第三个,外观设计专利证书,当你的产品或项目,对产品的整体或者局部的形状、图案或者其结合以及色彩与形状、图案的结合作出富有美感并适于工业应用的新设计,可申请外观设计专利。

要注意的是,专利权是指一项自然科学领域的技术成果的完成人,向我国的国务院专利行政部门提出专利申请,国务院专利行政部门依照《专利法》的规定,对符合授权条件的专利申请的申请人,授予其实施发明创造的专有权或者说独占权。

专利具有排他性、地域性和时间性等特点。通常情况下,发明专利权的期限为二十年,实用新型专利权的期限为十年,外观设计专利权的期限为十五年,均自申请日起计算。

在这里说明一下,专利也是需要布局的。创业者在开发产品的过程中,最好能认识一些相关方面的律师或者服务机构的专业人员,请他们帮你针对公司产品和专利的申请做一个系统的布局。因为专利申请周期长,尤其对于科技含量比较高的产品或项目,为了及时对自己的技术进行保护,做好申请规划。

专利描述案例

我们来看一个某知名汽车品牌商业计划书中专利部分的描述。

"255项已完成整体申请流程的专利，1966项正在申请流程当中的专利。"

该汽车品牌商业计划书将这些专利按照不同产品的不同模块进行了细分，列出具体的比例。对专利进行描述时，从应用技术、应用描述和申请状态三方面做了一张统计表格。这个数量是不是很惊人啊？

其实所有的科技公司都有这样一张专利布局的统计和规划表，这也是你的公司注重知识产权、重视无形资产的一种说明。

描述你的技术优势的时候，如果你已经拿到专利证书，可以扫描后放在这一页PPT里，以此让投资人了解你对无形资产的重视，凸显你的产品专利权的保护意识。

好了，本课时到这里就结束了，咱们下节课再见。

第15课

竞争优势

▼

欢迎来到本课时学习,这节课我将延续上节课的内容,重点讲讲"为什么只有你能做"中最重要的部分——竞争优势。

在竞争优势板块,商业计划书中的内容体现出了创始人对市场信息的敏锐度,对同行业新旧玩家的知己知彼的程度。

增量市场，存量市场

大家可能会有一个疑惑：如果我做了一个很创新的产品，市面上还没有，甚至根本没有竞争对手，怎么办？

你需要明确所从事的项目、能提供的解决方案，在现在的市场上是否已经存在。很多时候，小伙伴有了一个创意的想法，或者创新的解决方案，却因为诸多因素，对市场上竞争对手的信息了解少之又少，导致明明市场上已经有很多和你相同产品的公司，做着相同的业务，你却一叶障目，对市场和对手缺乏了解。

在本节课开始之前，我希望给大家普及两个概念：增量市场、存量市场。

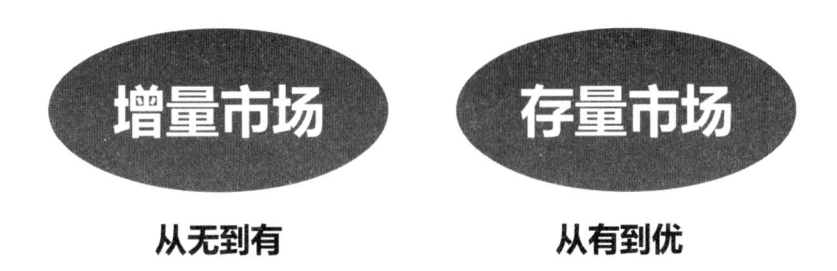

增量市场 从无到有　　**存量市场** 从有到优

图 15-1　增量市场与存量市场

什么是增量市场？就是在市面上还没有出现大批量同质化产品或者解决方案的市场，大家有这样的需求，有这样的消费群体，但是因为信息差或者行业缺乏创新，导致没有很多玩家入场，或者是还没有被其他玩家注意到的市场，也称为蓝海市场。

那么，什么是存量市场？就是在市面上已经有大批量的同质化产品或解决方案的市场，由于大家都发现能赚钱，于是形成羊群效应，大批量的玩家入场，导致玩家数量越来越多，但是消费人群只有那些，形成了优胜劣汰的竞争市场，也称为红海市场。

简而言之，增量市场是一个产品或者解决方案经历从无到有的发展过程的市场；而存量市场，就是产品或者解决方案经历从有到优的竞争淘汰过程的市场。

任何一个行业或者产业都会经历从增量市场到存量市场的发展过程。蓝海市场终有一天会变为红海市场。

竞品分析

当然，不管你所从事的项目属于增量市场，还是存量市场，都需要做好竞品分析。为什么呢？做好竞品分析有以下三个好处：

首先，从产品的策略层面来讲，做竞品分析可以为企业制定产品策略、布局规划提供参考，也就是能够为创始人提供决策支持。

其次，从产品的战术层面来说，做产品设计时，需要通过分析竞争对手的产品，取长补短，特别是需要关注产品的功能与用户的体验设计方面，学习借鉴。

最后，就是竞品分析具有预警避险的作用。当市场发生变化，比如政策变化，新技术出现，颠覆性的替代品出现，我们能够及时地发现问题和风险，及时调整策略。

商场如战场，《孙子兵法》中有句名言：知己知彼，百战不殆；不知彼而知己，一胜一负；不知彼不知己，每战必败。什么意思呢？我们可以理解为：了解对手也了解自己，不一定每次都胜利，但是可以百战不失败，还有平局的可能；不了解对手而只了解自己，胜负各半；不了解对手，也不了解自己，每战必败。竞品分析就是让我们了解对手、了解自己的过程，使我们在商场中"百战不殆"。

谁是你的竞争对手

充分了解竞争对手和自己的优势，格外重要。我们来思考一个问题：什么样的竞争让你具备优势？比别人努力，比别人聪明吗？

其实都不是。我们在思考这个问题的时候，首先要明确的是谁才是你的竞争对手。我们可以从三个维度去判断谁才是你的竞争对手，如表15-1所示。

表15-1 判断竞争对手的三个维度

	目标市场一致性	客户类型一致性	盈利模式一致性	条件
竞争对手	√	√	√	三项都满足
潜在对手	Ⓥ	Ⓥ	Ⓥ	满足任意两项
非对手	×	×	×	三项均不满足

目标市场一致性是什么意思？就是你的产品或者解决方案服务的购买者群体相同，具有相同的需求或特征。例如，你们都是生产智能手机的，现在大家都在使用智能手机，客户群体相同，你们的目标市场都是

智能手机市场。

客户类型一致性是什么意思？还是以手机产品为例，你的产品是适合老年人使用的智能手机，而他的产品是适合快递小哥使用的智能手机。同样是生产智能手机的企业，但是你们的客户类型不一致。如果你们都是做老年人智能手机的，那客户类型就是一致的。客户类型一致，就是说你们服务着相同的一群人。

盈利模式一致性是什么意思？继续以手机产品为例，你的手机是用来直接售卖的，卖出去就完成了交易，而我的手机是用来租赁的，我租给快递公司，只租不卖，是不是从盈利模式上就不一样了呢？如果手机都是用来直接卖的，那就是盈利模式一致。

所以我们会发现，如果目标市场一致、客户类型一致、盈利模式一致三项都满足，基本上就能确定他是你的竞争对手了。如果你们的目标市场不一致，客户类型也不一致，盈利模式更不一致，那它自然就不是你的竞争对手。

可怕的对手——潜在竞争对手

还有一种很可怕的对手，叫潜在竞争对手。可能从表面上看起来，它并没有和你有直接竞争关系，但是随着它策略的调整，一瞬间会带给你致命的打击。

例如，苹果、华为、OPPO、vivo、小米都是做智能手机的，每个品牌服务的群体不同，盈利模式都相同。在高端机市场上，苹果和华为都能占据着一席之地。而OPPO、vivo手机主打高性价比，客户类型在收入结构、城市分布上都和苹果的客户有明显的区别。可是当2021年，苹果13系列发布，价位与OPPO、vivo高端手机持平，抢占了更大的市场份额。

苹果通过对价格策略的调整，实现了客户类型的调整，瞬间满足了目标市场一致、客户类型一致、盈利模式一致的条件，和其他品牌手机变成了直接竞争关系，打得其他对手措手不及。

这样的案例还有很多，我就不一一举例了。有时候我们进行产品策略的调整，就是让别人以为我们只是潜在竞争对手，而不是直接竞争对手，让对手轻敌，然后通过突袭，抢占更多的市场份额，所以同学们一定不要忽视潜在的竞争对手。

寻找竞争对手的信息

了解了如何判断竞争对手的方法，接下来就需要去寻找竞争对手了。我们要去哪里找到这些竞争对手的名称或者公司信息呢？

可以通过搜索引擎，利用行业关键字、关键盈利模式、关键客户群体的主题词搜索全网信息，筛选获取，也可以通过搜索微信公众账号获取相关信息。

还可以从一些专业的创投网站获得相关信息，比如36氪、鲸准等。

除了上述渠道，还有行业媒体、行业协会网站、线下行业峰会、第三方测评机构、第三方数据库、合作伙伴、专利机构、政府部门统计资料、案例研究和论文等渠道，可以帮助你找到竞争对手的名字等信息。

确定了竞争对手的具体公司名称或者品牌名称，就可以收集资料，为后面的竞品分析做好准备了。

企业常用的官方产品媒体发布渠道有官网、官方微博、公众号、媒体报道、产品文档、用户论坛等。我们可以通过这些渠道收集竞争对手的产品信息，也可以通过匿名拨打客服热线、卧底用户交流群、参加产品发布会、官网下载公司财报，收集财报解读资料、招聘资料、内部出版物等，收集到产品相关的信息。

如果线上无法找到足够的信息，还可以通过实地考察、用户访谈、问卷调查、反向工程等，全方位深度调查，获取竞争对手的产品信息。

图 15-2　寻找竞争对手

竞品分析

收集齐资料，我们就可以作竞品分析了。

我们需要找到直接竞品、间接竞品、替代品、参照品，进行针对性分析。下面通过举例来给大家解释它们之间的区别。

在竞争关系中，存在直接竞争和间接竞争。

直接竞争就是品牌层面的竞争。了解化妆品的小伙伴应该知道雅诗兰黛和兰蔻，二者的竞争就是品牌之间的直接竞争。雅诗兰黛品牌来自雅诗兰黛集团，兰蔻品牌来自欧莱雅集团。因为二者目标市场一致——都是做化妆品，客户类型一致——都做高端客户，盈利模式也一致——产品售卖，这么多年在市场上都属于直接品牌竞争关系，二者的产品可以称为直接竞品。

间接竞品的竞争实质是品类竞争，产品形式不同，目标用户群类似，如矿泉水和可乐之间存在一定的竞争关系，二者就是间接竞品。

替代品是能满足消费者类似需求的具有相同或相近功能的产品，例如火车和飞机之间具有一定的替代关系，火车票价格高过飞机票时，一部分坐火车的人会转向乘坐飞机。

参照品，是无竞争关系，但是可以拿来借鉴和学习的产品。例如，对于抗老的化妆产品而言，使用护肤凝胶的美容仪就是一个很好的参照品。为什么呢？传统的护肤品公司都是在卖涂抹类的产品，而美容仪公司通过销售硬件设备绑定产品二次销售的模式盈利丰厚，你可能三两年都不会换美容仪，但是护肤凝胶是一定会用完的，所以买了美容仪的消费者需要不断购买公司的凝胶产品。这种模式是不是更能够增加顾客的消费黏性？所以它是一个很好的参照品。

找到竞争优势

竞品分析的目标可以很多，但是在这里要通过竞品分析找到我们的竞争优势。

在开始动手之前，要弄清楚以下几个问题：

为哪个产品做竞品分析？该产品目前处于哪个阶段？当前产品面临的主要问题与挑战是什么？产品的突破口在哪里？

竞品分析可以从产品视角、用户视角分别进行，如图15-3所示：

产品视角：从影响一个产品成败的因素进行分析

	功能	用户体验	团队背景	技术	市场推广	战略定位	用户情况	盈利模式	布局规划
竞品A									
竞品B									
竞品C									

用户视角：站在用户的角度，看用户在选择产品时会关注哪些方面

	价格	可获得性	包装	性能	易用性	保险性	周期成本	社会接受度
竞品A								
竞品B								
竞品C								

图15-3　竞品分析角度

产品视角竞品分析

产品视角的竞品分析，是对影响一个产品成败的因素进行分析。

产品视角中，我们从功能、用户体验、团队背景、技术、市场推广、战略定位、用户情况、盈利模式、布局规划等方面考量竞品，充分了解对手。

功能方面主要分析对产品的定义及主要功能的差异。

用户体验方面主要分析消费者对产品的反馈，可以通过产品销售渠道获得口碑数据来判断。

团队背景方面主要可以通过一些官方资料的介绍综合判断，渠道来源有官方网站、官方公众号等。

技术方面主要通过专利或官方输出的核心卖点来判断。

市场推广方面主要看官方的声音从哪里发出，比如媒体平台选择了哪些，产品销售渠道选择了哪些。

战略定位方面可以通过对对手产品价格、成本、利润空间等进行横向对比，判断出对方的市场定位是什么样的。

用户情况方面有时候可以通过产品的销量数据来体现。

盈利模式方面主要看竞品如何获得收益，可以通过看用户使用产品是否付费，若不需要付费，竞品靠什么赚钱等来深度思考判断。

布局规划方面通过对手产品品类扩张情况、核心技术的积累来判断。很多时候我们不仅要了解他们既有的产品，也需要对历史产品进行综合考量。

用户视角

用户视角的竞品分析，是站在用户的角度，看用户在选择产品时会关注哪些方面。

用户视角我们通过价格、可获得性、包装、性能、易用性、保险性、周期成本、社会接受度8个方面考量。

价格的高与低在一定程度上反映出了竞品是否占据了用户的品牌心智。比如，同样是卖手机产品，为什么苹果手机的定价高，但是用户还是会去买单？因为苹果在消费者心中已经具有一个顶尖的科技品牌属性。

可获得性指的是用户可以通过哪些渠道买到这个产品，比如淘宝、天猫、还是抖音电商等。这里我们要看的是竞争对手的渠道铺设，他们做了哪些渠道，以及在每个渠道中他们是怎样完成销售闭环的。

产品的包装直接影响到顾客买到产品的第一印象。如果包装是精致的，消费者可能对品牌产生好感；如果包装丑陋不堪，消费者可能对产品产生视觉上的厌恶,影响最终的消费体验。

性能方面主要考量产品描述的性能与用户需要的性能是否匹配。

易用性主要通过产品是否简单上手,是否可以傻瓜式操作,以及操作说明的可得性来判断。

保险性实际上说的是安全性,包括产品是否产生副作用,是否有相关认证等产品背书。

周期成本指的是顾客更换产品的周期以及需要付出的成本。比如牙刷,一般建议的更换周期是3个月,那么预示着客户3个月需要购买一次牙刷,如果对手的套餐中包含了3支牙刷,那么客户第二次购买的时间大概是9个月后。

社会接受度,需要分析的是大众对于产品和品牌的认知程度,一般通过用户调研获得。

通过从产品和用户的视角进行竞品分析,我们不但能找到竞争对手强在哪里,弱在哪里,而且能精准地知道我们应该采取怎样的应对策略。

作业1

今天的第一个作业:对应你的产品,找到你的竞争对手、潜在竞争对手,从产品视角、用户视角分别填写完成图15-3显示的表格。

作业2

第二个作业,就是制作SWOT分析报告,如图15-4所示:

Strengths 优势	Weaknesses 劣势	内部
Opportunities 机遇	Threats 威胁	外部

图 15-4　SWOT 分析

通过 SWOT 分析找出你的产品的优势、劣势、机会与威胁，以便制定竞争策略。S、W 指产品内部有哪些优劣势，O、T 指的是产品外部市场存在哪些机会和威胁。

体现在 BP 中的，其实就是优势（Strengths）和机遇（Opportunities），它们是你坚定行业选择和制定长远目标的基础。

从企业经营的角度看，通过 SWOT 分析还可以得到：

制作分析报告（内部完成）
SWOT 分析

Strengths 优势	Weaknesses 劣势
Opportunities 机遇	Threats 威胁

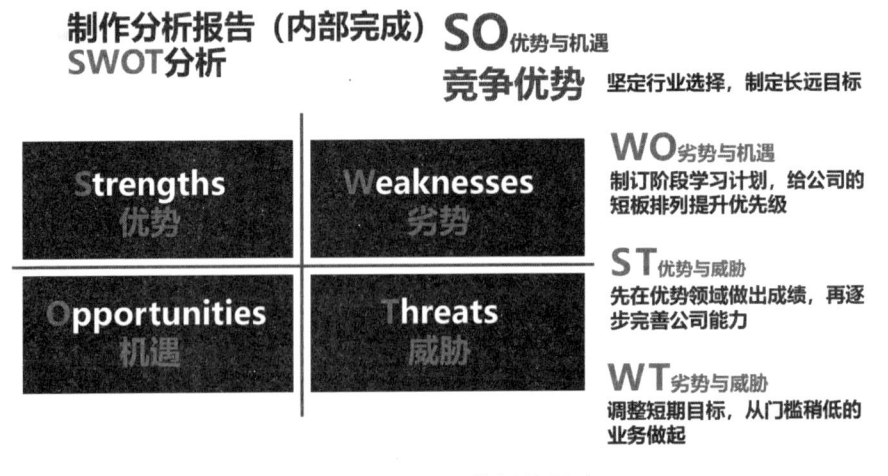

SO 优势与机遇
竞争优势　坚定行业选择，制定长远目标

WO 劣势与机遇
制订阶段学习计划，给公司的短板排列提升优先级

ST 优势与威胁
先在优势领域做出成绩，再逐步完善公司能力

WT 劣势与威胁
调整短期目标，从门槛稍低的业务做起

图 15-5　SWOT 分析的用途

总结

竞争优势内容撰写的总原则，就是运用田忌赛马策略：

用自己的强优势，对抗竞品的弱优势；

用自己的弱优势，对抗竞品的劣势；

用自己的劣势，对抗竞品的强优势。

由于本章节内容适用于存在竞品的存量市场竞争，如果你的产品或者服务是增量市场的产品，可不做分析，故竞品分析板块不布置硬性作业，同学们可以根据自己行业的实际情况，选择性完成作业，掌握方法即可。

好了，本课时到这里就结束了，咱们下节课再见。

第 16 课

需要多少钱：融资金额和公司估值

欢迎来到本课时学习，这节课我将解锁4W2H法则中的"How much——需要多少钱"。

本课时内容，我将围绕融资需求、资金用途以及融资规划来展开。

我希望你们带着这几个问题阅读本章内容：

未来3~5年，你能赚多少钱？

你现在需要多少钱？

这些钱都是什么用途？

资方能得到什么样的好处？

下一次融资预计需要多少钱？

第16课 需要多少钱：融资金额和公司估值

关于"对赌"需要事先思考的问题

在激烈的竞争环境里，很多时候创始人因为急需扩大企业规模，于是盲目地、不假思索地引入资本，甚至签订了对赌协议，这对于创始人而言是有风险，有挑战的。资本是一把双刃剑，用不好就是两败俱伤，甚至会将创始人淘汰出局。

对赌虽然是投融资双方博弈的过程，但双方地位并不平等，尤其是在中小企业与创业企业融资难的时候，投资方一般处于强势地位。

在我过去服务过的上千位初创公司的老板中，大部分人对"对赌"是模棱两可的态度。有些创业者认为一定要慎之又慎，对赌风险极高，不能和投资方对赌；有些创业者对"对赌"毫无概念，大手一挥就签署了隐藏在投资条款里的"对赌"条约。这两种极端的反应都是不理性的，同时也会带来相应的不利后果——要么谈崩了，要么谈亏了，很少能得到喜闻乐见的结果。

导致在对赌上出现不利结果的根本原因是创业者的不自知，常表现在以下方面：

（1）不知道自己的公司到底值多少钱，没有量化标准。

（2）不知道自己的发展计划到底是否可行（在业绩对赌时很常见）。

（3）不知道自己的团队有多强或弱（先把故事讲得很动听）。

其实，归根结底的原因是没有真正深度思考过自己的商业计划，并根据计划及时调整应对市场的变化。没有计划就没有对比，没有对比就无法改善和提升，陷入了一个无限循环。

到底融多少钱——发展成本和股权定价

在这里，我想问同学们一个问题：融资需求由谁来决定？又依据什么来决定？

我希望同学们按下暂停键，思考5秒钟，你脑海里是不是出现了这几个关键词：

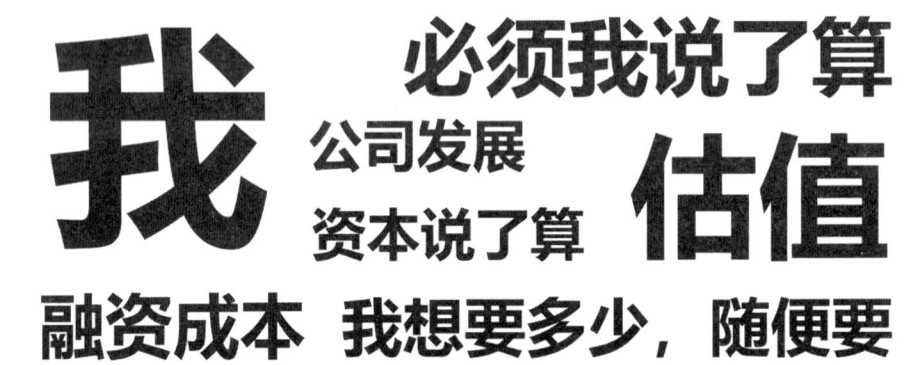

图16-1 融资谁说了算？

那么，融资的需求到底由谁来决定呢？又依据什么来决定呢？由两个关键点——发展成本和公司估值——来决定。

发展成本决定了最低的融资金额，而公司估值决定的是你的股权定价和分配比例。

举个例子，你的公司需要运营，办公场地需要交租金、员工需要开工资、出差办公需要报销、产生的销售额需要交税，如果你是一家科技公司，研发产品需要采购原料，迭代产品、生产产品的同时也需要付出生产成本。各种各样的开销，构成了我们公司发展的成本。

公司的发展是有成本的。我们融资融的是一个具体的数额，这个具体的数额，首先需要满足的是公司发展的最低成本。也就我希望拿到的钱，至少能满足公司一个经营周期的需要。这个经营周期一般是1年，也就说，咱们需要融到的金额，最低也要能维持未来12个月的经营开销，保证公司1年的正常运转。这也就不难理解，为什么企业的发展成本决定了你的最低融资金额。

那么怎样理解，公司估值决定股权定价和分配比例呢？

假设，你未来一年经营公司需要的成本是120万元人民币，你非常有信心1年内就能够赚300万元。但是你的公司账面余额不足10万元了，最多能维持公司1个月的开销，你需要120万元来经营公司，于是你决定融资。

我们都知道，股权融资质押的是股权，也就是一定比例的公司股份。每个公司全部股份比例是100%，那进行股权融资质押，每1%的股份该怎么定价呢？我自己说我1%的股份值120万元，投资方相信吗？空口无凭啊。

所以说，你的这份商业计划书就是证明你1%的股份值120万元的一份说明书。也就是我们从第4课时到第16课时所学的内容，为的就是证明你的公司股权值这个价。现在市场中有一种第三方机构，叫股权价值评估机构，就是通过你的商业计划书中描述的内容，去评定你公司的价值，为你的股权定价，做合理性分析报告。

不同轮次股权稀释的比例

那么，我只需要拿出1%的股份，去融资120万元就够了吗？其实也不尽然，融资的每个轮次，股权稀释的比例不同，是有一个大概的市场行情的。我们来看看这个市场行情。

一般情况下，种子轮，创始人的股份比例为100%，企业资金基本是创始人自有或借贷的。

天使轮，创始人一般将自己20%的股份拿出来，作为天使投资人所投资金所占的股份。

到A轮的时候，创始人为了留住员工，将15%的股份拿出来放在了期权池，留给优秀员工，用作奖励。创始人还要拿出10%的股份，通常情况下天使投资人也拿出10%股份，一共凑20%的股份给到A轮的投资方，作为其投资获得的股份。当然了，这个前提是天使投资人愿意这么做，相当于他将10%的股份拿出来套现了。

B轮融资，创始人又拿出10%、天使投资人拿出5%、A轮投资方拿出10%的股份，一共25%股份给到B轮的投资方，作为其投资占股。

C轮的时候，创始人拿出5%、天使投资人拿出全部剩余的5%、A轮投资方拿出5%、B轮投资方拿出10%，共计25%给到了C轮投资方，作为其投资占股。

这个时候，天使投资人完成了彻底的退出。而随着融资轮次的增加，也会有投资方愿意将自己的股权释放退出。如果这些投资方都对创始人有信心，也可能持有股份的周期会更长，有些可能会愿意陪你等到公司上市。

上面所说各个轮次的股份比例分配，是一个常规的操作方法，并不代表绝对要这样操作。在现实中，可以参考这样的分配比例，去获得新一轮的融资。这个比例也受到创始人需要的金额和实际投资人愿意交易的金额的影响。

需要特殊说明的是，在A轮之前不必要设置期权池，项目不成熟的时候现金激励大于股权激励。但A轮以后要设置期权池，以绑定核心员工。

天使轮融资的金额不要太大，避免稀释创始团队太多股份。从A轮以后每轮融资付出的股份比例在20%~25%，同时最好伴有上一轮投资人的部分股份转让退出。这同样是为了保证核心团队的控股权。（创始团队的股份加上期权池的股份能保证核心团队始终处于控股地位）

这是最理想的状态，但不是绝对的。很多创业公司最后虽然失去了控股权，但并没有失去对公司的控制力，这个主要还是看团队的能力和贡献度。也可以通过和股东们签署《一致行动人协议》来稳固创始人对公司的绝对控制权。

公司估值的计算方法

了解了不同融资阶段股权比例稀释的市场行情，我们来看看公司估值的计算方法。

关于公司估值的计算，市场上流传着多种通行方法。不同的行业又有不同的特色估值方法，今天要学习的是其中能简单计算的方法，复杂计算的方法在这里不讲，但是同学们要记住，公司估值的方法不唯一。

P/E估值法

首先要挑选与你公司同行业可参照的上市公司，以这家上市公司的股价与财务数据为依据，计算出主要财务比率，然后用这些比率作为市场价格乘数来推断你公司的价值。

目前国内的风险投资（VC）市场中P/E估值法是比较常见的，即以市盈率为主要指标进行估值。通常我们所说的上市公司市盈率有两种。一种是历史市盈率（Trailing P/E），即当前对标公司市值除以该公司上一个财务年度的利润，或者前12个月的利润。这里注意一下财务年度和前12个月的区别。财务年度是公司进行财务结算的执行年度，由连续12个历月构成，很多公司的财务年度与实际的日历年度不一致。为了便于账务处理，通常以3月底或12月底为财务年度结算期。另一种是预测市盈率（Forward P/E），就是当前对标公司市值除以该公司当前财务年度利润，或者将来12个月的利润。

投资人投资的是一个公司的未来，是对公司将来的经营成果给出目前的价格，所以他们用PE估值法就是：

公司估值＝预测市盈率×公司将来12个月的利润

公司将来12个月的利润能够通过公司的财务预测估算出来，那么估值的最大问题就在于如何确定预测市盈率了。通常来说，预测市盈率是历史市盈率的一个折扣。历史市盈率可以通过登录正规股票软件或公司官网，查询资料即可得到。

例如纳斯达克某个行业的平均历史市盈率是40，那预测市盈率大概是30；对于同行业、同等规模的非上市公司，借鉴的预测市盈率需要再打个折扣，15~20；对于同行业且规模较小的初创企业，借鉴的预测市盈率需要再打个折，就成了7~10了。这也就是目前国内主流的VC投资计算企业估值的预测市盈率倍数。

预测市盈率和公司将来12个月的利润都确定了，估值就很好计算了。举个例子，如果某公司预测融资后下一年度的利润是100万元，预测市盈率是7~10，公司的估值便是700~1000万元。如果投资人投资200万元，公司出让的股份是20%~28.6%，怎么得来的？ 200÷700=28.6%，200÷1000=20%。

P/S估值法

对于有收入但是没有利润的公司，P/E估值法就没有意义。很多初创公司很多年也不能实现正向的利润增长，那么就能够用P/S估值法来估值。

P/S估值法怎么计算呢？公司估值等于预测未来3~5年平均销售年收入。

假设一家公司第一年销售收入600万元，第二年1200万元，第三年2600万元。那公司的估值就等于（600+1200+2600）÷3，为1467万元。

如果天使投资轮得到500万投资，那我们可以计算出占股的比例，500÷1467×100%=34.1%。

这种方法适用于暂时没有盈利或盈利失真的企业，如高研发投入企业经营利润用于研发支出，可以用这种方法计算其估值。

财务预测——算算到底要融多少钱

估值是一切投融资决策的灵魂。 由于企业价值综合了多方面的因素，单一指标的估值方法都具有局限性。当下投融资决策时更合理的估值方法是 P/E 和 P/S 估值法结合使用，综合两种指标辩证地看待企业价值。

不管是 P/E 估值时的未来 12 个月的净利润，还是 P/S 估值时的未来年均销售收入，这些关键性的指标要怎样获得呢？答案就是通过财务预测计算而来。

大家只需要记住这 4 个基本的公式，就能轻松计算出你的财务预测数据：

第一个公式：毛利润＝总营收－总成本。

总营收就是企业经营的所有进款，如你的销售收入等，在盈利模式中，我们列举出来的能够赚钱的那些非常细的盈利项都能带来营收。总成本就是我们需要付出的实际成本。

第二个公式：毛利率＝（总营收－总成本）÷总营收×100%。

第三个公式：净利润＝总营收－总成本－总费用（含人员成本）。

第四个公式：净利率＝（总营收－总成本－总费用）÷总营收×100%。

计算预期盈利总额

上面四个公式很简单吧？那么接下来我们进入关键计算单元。

我们继续以××体育的盈利模式为案例来进行计算。

同学们还记得在第10课时里,我们学到的关于盈利模式的描述吗?我们为什么要明白盈利点是什么?其实和财务预测是息息相关的。

如图10-4所示,××体育的线上平台化运营收益有6部分,我们就可以当作6个营利性产品,设定为产品A到产品F;线下赛事及培训收益又分出了9个盈利点,设定为从产品G到产品O。

我们打开Excel表格,将产品A的数据分成7个维度:总营收、总成本、总费用、毛利、毛利率、净利、净利率,制作表格。产品A的总营收就是产品A的客单价乘以目标用户数量。注意,总营收这一列是以年为单位的。什么意思?总营收取决于这一年我们想要获得多少个用户,是我们制定的业绩目标。这样,我们就能轻松得出这一年A产品的总营收。

总成本也一样,计算出单位产品A的研发和生产成本,或者采购成本,乘以我们制定的当年目标数量,也就能很容易地得到产品A的总成本。

计算总费用,我们需要计算员工的年薪资,办公室的年租金,这些固定的运营开销也能够轻松得出。这样,我们就可以通过套用Excel表格的公式,计算出产品A的毛利、毛利率、净利、净利率了。

到此,我们就可以确认产品A第一年的关键数据。通过制订5年的发展计划,就可以得到5年的关键运营数据。

依次类推,我们可以做出产品B到产品O的详细财务预测。这里需要注意的是,其他盈利产品,可能不是当年就能盈利的,所以财务预测的计算,也需要根据发展规划年份对应地展开。

得到了各个盈利产品的财务预测数据明细,我们就可以通过汇总得到一张总表。这张总表就是公司5年的财务预测表。通过这张表,再结合上面讲的公司估值的2种方法，我们就能得到公司的估值，能够很清晰地看到我们需要多少钱，我们释放的股权能够融到多少钱。

是不是很简单呢？可能看起来操作有点复杂，但是当我们理清这张财务预测明细后，会发现每个年度的发展目标也就变得更加清晰。

财务统计和财务预测

可能很多同学就会问：上面讲的工作是财务干的事吧？其实不是，财务人员工作时统计的数据和财务预测的数据完全不是一回事。

财务人员统计的是过去发生的数据，他们通过常见的三大财务报表来做数据分析，这和财务预测有严格意义上的区别。这里大家只需要知道财务预测和财务报表是两个层面的东西即可。

当我们有了这套完整的财务预测数据，就可以计算出企业的估值，并且能够很清晰地得到需要融资的金额，以及可以释放的股权比例。

接下来，我们就可以将财务预测表制作成表格或者图形，放在商业计划书里，有理有据，帮助你完成整个项目的展示。

在财务预测过程中，资金用途也就清晰了，常规的用途如团队建设（招募人才）、平台开发（研发投入）、赛事筹备、门店运营，等等，需要按照实际的项目需求写出来。

在这里需要提醒创业者的是，我们做财务预测的时候，基本上是对未来没有发生的盈利数据进行的假设，所以大多数情况下，目标销售额等是靠主观的预测来设定，可能成为投资方与你对赌的关键。

比如，你定的下一年目标销售额是2000万元，当按照这个目标数字推导出了整个商业计划的财务预测数据，投资方就可能以这个目标业绩为对赌条件来投资。但是如果你定的这个目标有夸张的成分，或者这个目标过于理想化，实现起来很困难，就可能让你在与投资方的合作中很被动。

所以，大家一定要记住，设定销售目标的时候一定要量力而行，不要太过于天马行空。

作业

至此，一份内容完整的商业计划书所需要的全部知识点，我们就学习完了。今天的作业来了：作业一，用今天所学的内容，将你项目未来3~5年的财务预测数据计算整理出来，做成Excel表格；作业二，完成财务预测、融资计划、资金用途部分的PPT撰写。

总结

在本章节内容中，我们通过了解估值的计算方法、财务预测数据的计算方法，详细为大家展开商业计划书最后一个框架"How much——需要多少钱"的计算依据与呈现方式。还通过对"对赌"的客观理解，让大家清晰看到对赌并不一定是一件坏事。

在写商业计划书的时候，我们用2~3页PPT展示财务预测、融资规划即可。

如果你的公司已经经营了一段时间，财务预测的时候也需要体现过去的实际数据，并根据新增加的产品和服务预测未来的营收数据，具体计算方法本章已经介绍过了。

融资规划的部分主要包含三方面内容：

（1）融资轮次、具体金额、股权稀释比例（根据估值计算得来）。

（2）资金的用途和所占比例。

（3）公司在资本市场的发展规划，比如：接下来A轮、B轮等的计划，到IPO时具体的融资金额以及时间规划。

好了，本课时到这里就结束了，咱们下节课再见。

第17课

商业计划书演变规则

▼

欢迎来到本课时学习，本课时的核心学习内容有两点：常见的商业计划书格式内容和框架、商业计划书投递注意事项。

我希望你们带着以下几个问题阅读本章内容：

我该准备几个版本的BP？怎样区别它们？

我的BP写多少页合适，我该怎样控制页数？

BP投递有哪些注意事项？

本章内容，我们将围绕内容框架、写作重点以及注意事项展开讲解。

商业计划书的基础框架

相信有心的读者已经发现了,从第4课到第16课,就是在展开讲解4W2H的内容,是按照一份商业计划书的目录展开的。

现在我们来回顾一下4W2H原则都包含了哪些内容:

What——你打算做什么?

Why now——为什么现在做?

How——你打算怎样做?

Who——谁来做?

Why you——为什么只有你能做?

How much——需要多少钱?

4W2H就是BP的主框架,像是鱼骨一样,有了主框架的支撑,我们才能更好地去填充内容。

还记得我们在4W2H原则中都学习了哪些具体的内容吗?

在"What——你打算做什么?"中,我们学习了一句话公司简介以及产品简介。

在"Why now——为什么现在做?"中,我们学习了市场规模的计算,政策支持信息的查找与统计,在市场需求的相关内容中我们学习了用户痛点的挖掘。

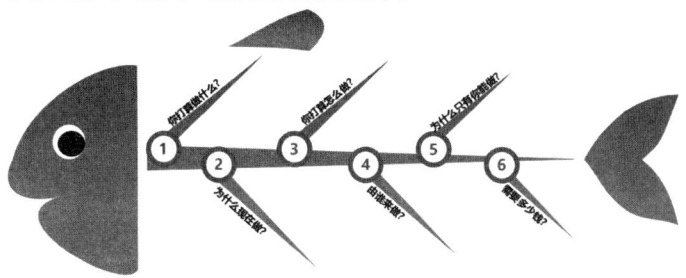

图 17-1 商业计划书的基础框架

在"How——你打算怎样做？"中，我们学习了产品策略、商业模式、盈利模式、产业布局，以及发展规划。

在"Who——谁来做？"中，我们学习了怎样写创始人或创始团队的介绍，核心团队的架构和介绍，以及顾问团队的介绍。

在"Why you——为什么只有你能做？"中，我们学习了什么是资源优势，怎样搭建资源优势，以及怎样提升技术壁垒、竞品分析的方法。

在"How much——需要多少钱？"中，我们学习了计算公司估值，作出财务预测，也就是对融资需求、资金用途以及融资规划的学习。

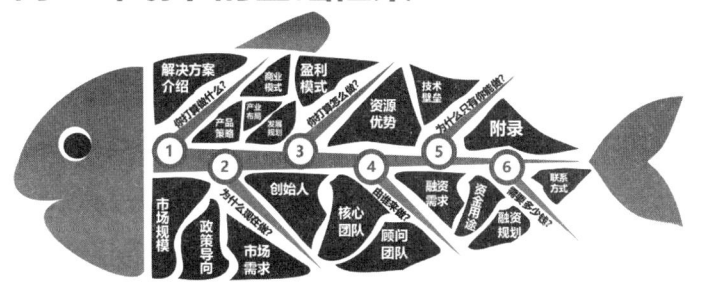

图 17-2 商业计划书基础版框架内容

如果同学们按照老师的要求完成好了各个部分的作业，就可以非常轻松地在BP的骨架上填充内容了。

知道了每个部分该写什么，是不是写BP就没有那么难了呢？

开头加上一个封面，结尾加上一个封底，一份完整合格的商业计划书就完成了。

如果一份BP中每一个核心板块的内容写1页，差不多是20页，如图17-3。

商业计划书的基础框架——4W2H

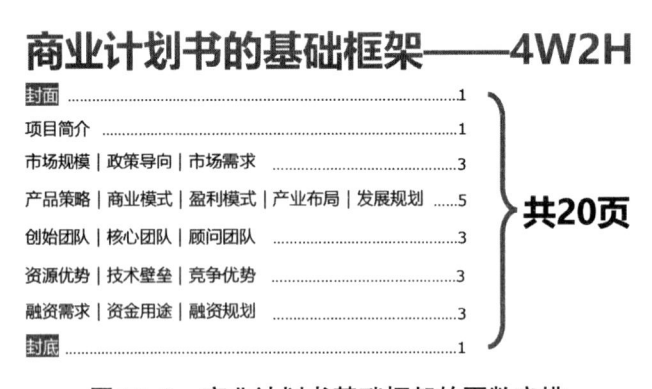

封面	1
项目简介	1
市场规模｜政策导向｜市场需求	3
产品策略｜商业模式｜盈利模式｜产业布局｜发展规划	5
创始团队｜核心团队｜顾问团队	3
资源优势｜技术壁垒｜竞争优势	3
融资需求｜资金用途｜融资规划	3
封底	1

共20页

图17-3 商业计划书基础框架的页数安排

为了丰富目录信息，我们可以把对应每个模块的内容总结为一句话，清晰地列在对应目录下方。例如，××体育项目的"What——你打算做什么？"部分，分别要说明的是项目简介和核心产品简介，我们归纳为"IP孵化+产业平台化运营"，可以体现在目录上。

不同版本BP的框架设置

当我们有了这个基础版本的BP，进阶版本就变得很简单了。只需在总体框架中加入一个子板块——投资亮点，根据写好的基础版本BP的内容提炼出项目的闪光点，用一句话总结出来即可。

比如，投资亮点里，可以对市场规模、商业模式、产品策略等你认为最能体现你的优势的地方，提炼总结出一句话，用1页的PPT来展示即可。

商业计划书的进阶框架

板块	页数
封面	1
投资亮点｜项目简介	2
市场规模｜政策导向｜市场需求	3
产品策略｜商业模式｜盈利模式｜产业布局｜发展规划	5
创始团队｜核心团队｜顾问团队	3
资源优势｜技术壁垒｜竞争优势	3
融资需求｜资金用途｜融资规划	3
封底	1

共21页

图17-4　商业计划书进阶框架

进阶框架再进一步提升就是高阶框架，高阶版本的BP是基于基础版本的，我们通过融合4W2H中的相关内容来架构高阶版的内容。比如，项目简介内容融合竞争优势内容，市场规模内容融合用户痛点内容，产品策略内容融合商业模式、盈利模式的内容，等等。在具体展示时，可以用图像化、结构化的语言来表述。当然，这种写作手法是最考验创始人的逻辑能力的，不建议大家跳过基础框架直接去操作。

那我们来总结一下，商业计划书的三种内容框架：

基础框架严格遵循4W2H原则，进阶框架是4W2H加投资亮点前置，高阶框架4W2H融会贯通。

商业计划书的高阶框架

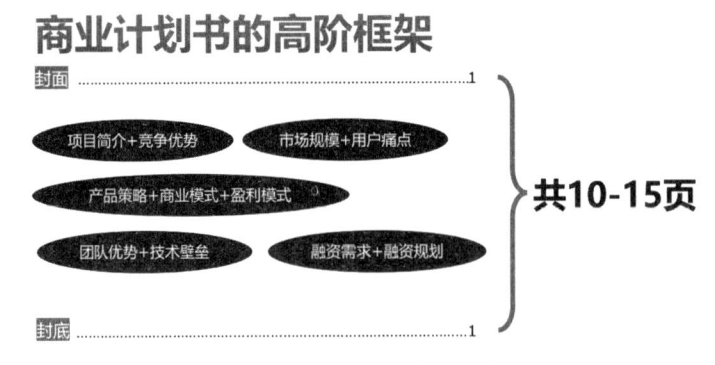

封面 1

- 项目简介+竞争优势
- 市场规模+用户痛点
- 产品策略+商业模式+盈利模式
- 团队优势+技术壁垒
- 融资需求+融资规划

共10-15页

封底 1

图17-5　商业计划书高阶框架

BP写作注意事项

了解了商业计划书的不同框架类型，我们来看看商业计划书写作的注意事项。

第一，一句话项目定义，这很重要。这句话要能清晰地告诉投资人你的项目是怎样定位的，比如"电竞产业文、教、娱一体化发展服务平台"，要让投资人产生联想，引发好奇。封面内容必须包含你的行业关键词，或者用直观的图片作为引导。

比如项目描述为"女人的三个梦想瞬间"，背景是一张礼服的照片，大家就能联想到是做服装行业的。

项目描述为"以自动驾驶运力驱动商业运营服务"，一看就知道是一个自动驾驶行业相关的商业项目。

项目描述为"××体育，一项体育运动引发的产业革命"，是不是就会让人很好奇，到底什么运动，还能引发产业革命。看着就有点意思，想要接着看下去。

第二，要写清楚，这是一份商业计划书，不是某个很随意的介绍方案。

第三，BP封面要署主体运营公司的名字，体现出这个项目的归属权是属于公司的。

第四，体现公司LOGO或者品牌LOGO。如果没有品牌LOGO，可以找个设计师帮你设计一个LOGO。不管从配色方面，还是版式方面，PPT要风格统一。封底加上项目方对接资本负责人的联系方式，一般是创始人的联系电话、邮箱甚至微信二维码。

第五，单独添加免责声明。这样既能体现创始人的严谨性，也能保护自己公司的隐私。

第六，在做完BP所有内容后，我们需要添加水印，例如写上"机密文件，仅供投资人参阅"。这一项内容要最后一步来操作。设置水印的时候，字体最好大一点，调整透明度到不影响阅读，但又能看到这行字。最好每一页都添加水印，然后将PPT导出为PDF。

第七，一定要严格地校对BP的文字，不要出现错别字。

两个版本的BP

那么，我们到底要准备几个版本的BP呢？答案是两个，一个通用版，一个完整版，如图17-6所示：

为什么要准备两个版本？它们有什么区别？

通用版BP是我们用来广撒网的。当我们收集到一些资本的BP投递邮箱时，不要着急投递，先进行整理，去看看他们投资项目的阶段、行业，从已投项目中寻找有用信息，做成表格，等待大批量投递。

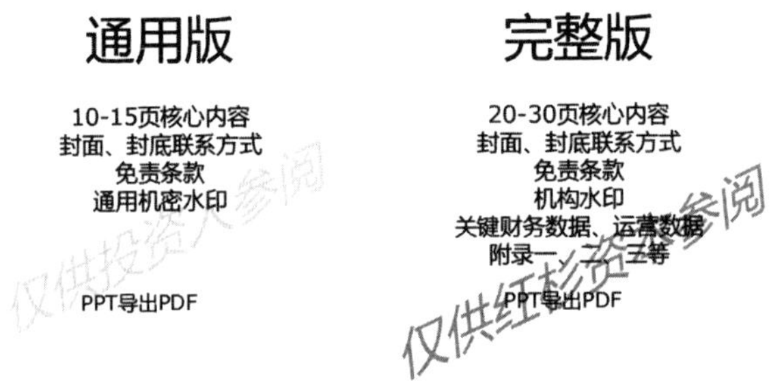

通用版

10-15页核心内容
封面、封底联系方式
免责条款
通用机密水印

仅供投资人参阅

PPT导出PDF

完整版

20-30页核心内容
封面、封底联系方式
免责条款
机构水印
关键财务数据、运营数据
附录一、二、三等

仅供红杉资本参阅

PPT导出PDF

图 17-6　两个版本的商业计划书

　　通用版 BP 是完整版 BP 的缩影。通用版控制在 10~15 页，完整版控制在 20~30 页。如果你是一家已经在营运的公司，已有的运营数据、财务报表、保密性的新产品模型、关键性数据一定不要放在通用版本中。如果这些内容无法和商业计划书其他内容完美融合，或者感觉写上去太多余，可以以附录的形式放在封底之前、融资规划之后。为什么要这样操作呢？

　　通用版 BP 是用来进行大批量投递的，我们发给资本的目的是吸引他们的注意，而不是全面展示自己。等成功地吸引到他们，主动联系你想要了解更详细的情况的时候，比如问你的收入构成、上一年的利润，也不要着急发给他们你的完整版 BP。先问清楚他的机构名称，将完整版的BP 添加上他们机构的名字的水印，比如联系到你的是红杉资本，那么水印就写"仅供红杉资本参阅"。这一步是对项目的保密工作，也能反映出创始人的专业性。最后记住，不管是通过微信，还是邮件，发出的文档一定是 PDF 文档，将我们做好的 PPT 导出 PDF，因为只有 PDF 才不会让你精心设计的 BP 发生跳字、图像错位等问题，才能保证阅读者准确无误地接收到你的信息，也能使其体会到你的细心、用心。

作业

今天的作业来了：将第4~16课所学的内容，结合你项目完成的作业，按照4W2H原则框架和逻辑顺序（可以参考图17-7）整理在PPT模板上。

What	你打算做什么？
Why Now	为什么现在才做？
How	你打算怎么做？
Who	谁来做？
Why You	为什么只有你能做？
How Much	需要多少钱？

图17-7　4W2H框架

总结

本章内容我们学习了商业计划书的演变规则，也分别详细介绍了进阶版与高阶版的框架。大家不难发现，进阶版和高阶版都是由基础版本演变而来，核心讨论的依然是涉及商业机密的6个大框架和众多子问题。

下一章节我们将着重讲解PPT的制作方法和技巧，让你写出过目不忘的商业计划书。

好了，本课时到这里就结束了，咱们下节课见。

第18课

写出让人过目不忘的BP

▼

欢迎来到本课时的学习,这节课我将展开讲解制作商业计划书PPT的技巧。

我希望你们带着以下几个问题阅读本章内容:

你希望谁能看到商业计划书?

你要告诉他什么?

你告诉他的内容是否有时效性、周期性?

要在什么场合告诉他?该怎样表达出来?

抓住投资人的眼球

我们所熟知的PPT，全称Microsoft Office Power Point，是微软公司开发的办公效率软件。微软Office有三大法宝——Power Point演示文稿、Word文档，以及Excel表格，是办公的必备神器。

对于演示文稿，我们可以在投影仪或者电脑上进行内容演示，也可以将演示文稿打印出来，制作成文件，方便应用到更广泛的场景中。

两种类型的PPT

总体而言，PPT的应用有2种情况，一种叫提案型（方案型）PPT，一种叫汇报型（演讲型）PPT。两种类型PPT的风格迥异，目标受众群体不同，自然从表达方式上也要做到描述侧重点不同。无论哪种类型PPT，所达到的最终目标是一致的，就是影响PPT的观看者，让他们认可我们的想法

提案型（方案型）PPT一般应用于小型的提案会议中，听众可能是领导或投资方，他们会更加理性对待你所讲的内容，演讲者处于相对弱势的地位。

汇报型（演讲型）PPT，一般应用于大型舞台，听众可能是普通听众，内容更加感性，演讲者处于强势位置。例如：产品发布会的讲演。

商业计划书是一份提案型PPT文稿，提案型PPT的特征就是，演讲者相对听众而言处于乙方的位置，或者有求于他的位置。

具体到商业计划书而言，创业者作为演讲者处于弱势的地位，需要投资人的资金投入，所以创业者在陈述上抓住投资方的眼球就显得格外重要了。

如果你的商业计划书是文字的堆砌，就很难吸引住投资人的眼球。为什么这么说呢？因为冗长的文字，第一无法直击重点，第二无法脱颖而出。如果你演讲的时候按着PPT上的文字一字一句地读，就更没有吸引力了。

所以在展示PPT的时候，有一个核心的原则，即PPT上尽可能地用图片直观呈现，如果不可避免要用到文字描述，那么尽可能用简短和精准的文字。

很多创始人的商业计划书上堆满了行业专有名词，这其实并不能体现出你更专业，只能说明你对这些专有名词有执念，并不想让投资人对你的项目所属的行业产生兴趣。

认识行业是需要一个过程的，你的投资人可能对你的行业一无所知，也可能正在观察你的行业，总之是对其了解不深，这时要让他被你描述的行业美好未来吸引，打破专有名词的禁锢就十分必要了。

大家反向思考一下，如果你把一个很复杂的事情，用简单且清晰的逻辑表达出来，投资人会怎么想？"他很有感染力、说服力。"相反，如果你夸夸其谈，所讲内容复杂艰深，而投资人无法理解，甚至无法共鸣，那么，被投资人拒绝就是必然的。

PPT宣讲的五个思考事项

我经常把商业计划书比作一把宝剑,创始人就是手握这把宝剑上战场的战士。试想一下,如果战士手里拿的不是宝剑,而是一根木棍,打仗还能打赢吗?

好的商业计划书是创始人手里的利剑,当然要学会高明的剑招,才会更能克敌制胜。成功演讲者发挥语言魅力,要对自己路演的内容、呈现形式想明白、理清楚。

创业者在设定PPT的宣讲范围时,应该先从五个方面来思考:

你希望谁能看到商业计划书?

你要告诉他什么?

你告诉他的内容是否有时效性、周期性?

要在什么场合告诉他?

该怎样表达出来?

在商业计划PPT的制作中,我们也要思考场景问题。比如,如果你还处在海量邮箱投递的阶段,这份PPT是通过电子邮件的形式传递的,投资机构接触的项目非常多,专业性强,那么我们应当在PPT中提供足够多的信息供其研判。而当我们要做路演宣讲的时候,内容的呈现既要考虑如何让投资者都能听得懂,不管他是不是投资过你所从事的领域,还要考虑如何抓住关键点,以配合演讲者的发挥。

在PPT的制作标准中有一个共性原则,就是看这份PPT能不能启动受众的框架效应,让PPT的每个元素都对最终目标负责,让PPT的每一页画面都高效地使用观众的注意力。

分析核心观众，精准表达主题

首先需要考虑的是你希望你的PPT被谁看到，谁是你的核心观众。我们可以根据与听众关系的分析，对症下药，运用不同的PPT技巧来精准表达你的主题。

在日常的商务交流合作中，我们面临的关系无外乎4种：客户关系、投资关系、供应关系、内部协作关系。确定好我们与听众的关系后，再根据宣讲的场合，来确定应该用什么类型的PPT。

图 18-1　商务合作中的四种关系

如果我们与听众是客户关系，我们希望他能够了解公司的业务、产品或者服务。如果客户来到了你的公司，提案型PPT更合适；如果你是在产品发布会上邀请了很多客户和潜在客户，演讲型PPT更合适。

如果我们与听众是投资关系，我们希望他能够认识公司的投资价值。

如果投资方通过邮件或者电话会议与你沟通，提案型PPT更合适；如果你受邀参加有各行各业的投资人的会议，路演时演讲型PPT更合适。

如果我们与听众是供应关系，和客户关系相同，我们希望他能够了解公司的业务、产品或者服务。如果是在小会议室里探讨，提案型PPT更合适；如果是通过大型宣讲会的形式告诉台下的甲方，那么演讲型PPT更合适。

如果我们与听众是内部协作关系，我们期待的是能够完成共同的目标或者任务。如果是在会议室里演示，提案型PPT更合适；如果是在大型舞台上开展的团队协作动员大会，演讲型PPT更合适。

总而言之，我们希望谁来看到、想要获得的预期结果是什么，理解了这两点，我们就知道要传递哪些信息了。

客户关系

面对客户关系，我们是在进行信息传递。了解了这一点，我们就知道接下来要告诉他些什么了。

信息传递时，我们要告诉客户的是产品信息、服务信息，以及公司信息。

通过找到差异点，结合自身优势，传递产品信息——我能为你提供什么样的产品。

通过服务内容的详细描述，整合服务优势，传递服务信息——我能为你提供什么样的服务。

综合公司定位、产品定位、服务定位，提炼公司信息——告诉他为什么我们值得信赖。

投资关系

面对投资关系，我们是在进行价值传达，要从社会价值、商业价值以及投资价值三个方面告诉投资者，我们的公司有多么值钱。

社会价值：通过找到差异点，结合自身优势，传递解决方案信息带来的社会价值。

商业价值：通过详细的商业模式、盈利模式、产品策略等的设计，整合优势，传递我们能赚多少钱的商业价值。

投资价值：通过综合公司各方面的运营数据，传递公司为什么这么值钱的价值信息。

供应关系

面对供应关系，我们就需要传达需求。

首先，确定需求内容：是搞技术？做研发？搞生产？还是做传播？其次，确认需求后，明确我们希望达成什么样的目标，取得什么样预期的结果。最后，提出满足需求的解决方案。

内部的协作关系

面对内部的协作关系，我们就是在布置任务。

明确此次任务所需要达到的目标、任务执行的具体方案和方法、双方的权利与义务，分工明确责任到人。

展示场景

接下来我们讲讲商业计划书的展示场景。我们需要考虑的因素有以下两点：

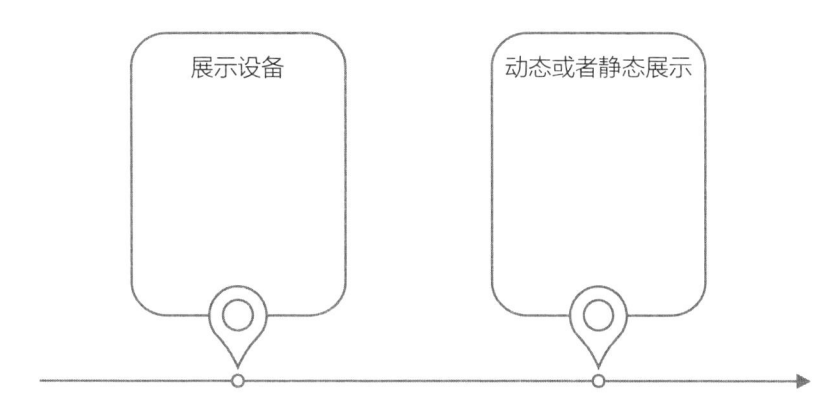

图 18-2　展示场景考虑因素

展示设备

展示设备包括会议室投影、电脑、手机、iPad、电视等。

这里我们需要考虑播放演示设备画面的尺寸和效果。通常，画面比例要么是 16∶9，要么是 4∶3，可以在演示文稿里设置。演示前最好能提前确定设备画面的尺寸，将文档调整成匹配的尺寸比例，这样才能有更好的展示效果。

动态或者静态展示

我们经常可以看到手机厂商召开发布会的时候，大屏幕展示的内容很多是动态的效果。

动态的效果有一种高级感，让你的演说更加生动。当我们参加路演的时候，如果能设计一个动态的演示文稿，也能为你的演说增色不少。

如果需要常规的静态展示，我们直接将内容导出PDF即可，静态展示文案内容会更紧凑一些。我们传递静态文案的场景基本上就是邮件、通信软件、办公软件等。现在有些在线视频会议也需要有传递和展示的功能。

对于传递的场景，我们需要考虑的是文案内容的丰富程度与大小。我们的文案发过去，是希望让投资方自己阅读，还是一定要配合我们的演说来看。这两种情况下，内容的紧凑度是不一样的。另外，如果文件太大，无法通过一些常规软件操作，可以使用压缩工具进行压缩，在不影响阅读观感的前提下，减小文件大小。

PPT设计的8个核心要素

我们如何写出既有冲击力又有要点的演示文稿呢？

我把方法归纳总结如下：整体统筹、远离默认、展示核心、排版法则、配色方案、字体选择、图片选择、数据可视，下面详细和大家解释一下。

整体统筹

当我们在整体统筹的时候，脑海里需要呈现出商业计划书的完整面貌。一条鱼由鱼头、鱼身、鱼尾组成，而这些部位都要靠骨骼支撑。商业计划书就像一条鱼一样，先要有"骨骼"作支撑，才能安装鱼的各个

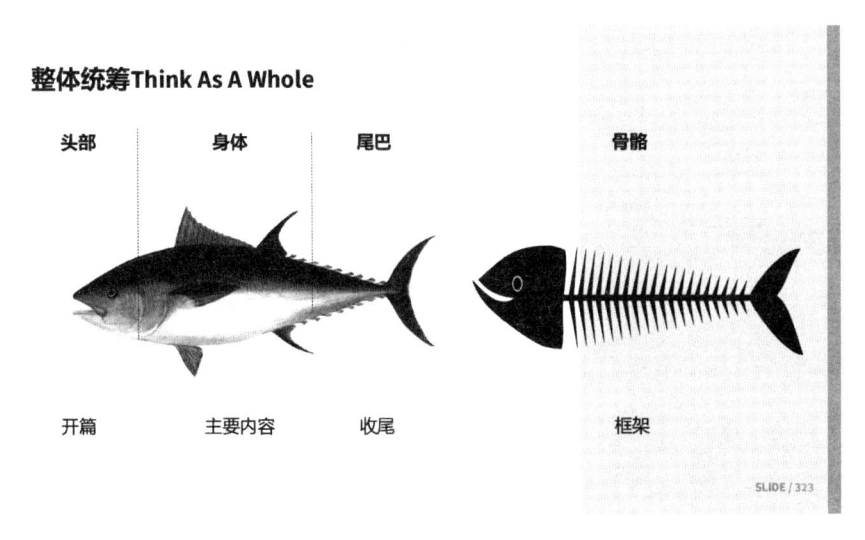

图18-3　整体统筹

部位，这个"骨骼"就是商业计划书的内容框架，或者说目录。有了目录或者说框架，我们才能够明确出开篇我要怎样写，主要内容我要怎样表述，以及结尾要总结些什么。

在商业计划书中，就是遵照4W2H原则构建一个基本的框架。

远离默认

我们都知道PPT里面是有一些默认的主题模板，建议大家不要选择这种默认的主题。默认主题虽然方便，但不利于设计独特的文案。我们可以选择使用一些设计精美的PPT模板。

展示核心

我们在展示核心内容的时候，只放关键信息，并使用对比强调。

通常我们可以对主要内容用字体、字号和颜色等元素去做区分。

用两个简单的图片来展示一下效果。图18-4左边的图中，那把深色的椅子是不是一下子脱颖而出了？右边的图中草莓的切面是不是也更加醒目？

图18-4　展示核心信息

这里面需要注意的是，切勿将所有信息密密麻麻地堆砌在PPT中，在宣讲的时候，要给自己留出一些发挥的空间，杜绝对着PPT念稿。

我们要善用辅助信息、核心信息、功能信息进行展示。在排版时，可以用字体、字号、颜色区分内容主次，并使用强对比，突出主题。

排版法则

排版时我经常用一些技巧，让PPT看上去大气高级。

第一个技巧，巧妙运用各种对齐方法，让你的文案工整简洁。这个技巧在编辑PPT时可以轻松操作。图片配合文字时，我们要善于使用

PPT本身自带的对齐功能，如左对齐、居中对齐、右对齐。如果文案内容没有统一对齐，一眼看上去杂乱无章，投资者根本没有看下去的欲望，你的项目自然没有成功的希望。

第二个技巧，巧妙运用对比法则。例如，两部分内容可以在整体上风格一致，字体、结构相同，但是颜色完全不同，形成鲜明对比，给人一种视觉冲击力。

配色方案

大家用PPT模板的时候应该也能看到，模板整体的设计上从开始到结束都是风格统一的，看上去有一种高级感，是一个完整的文件，但每一个页面又有一些细微的变化，整体的配色很统一，有一种美感，也能够让看的人耳目一新。

总体而言，PPT所使用的配色不要超过4种，不然会显得很乱。强调色设置一种，偶尔出现；辅助色设置1~2种，搭配使用；主色一种，要简洁柔和。

配色要有深、有浅、有明、有暗。这样的对比才会显得高级。如果你使用同一个色系里面的相近色，那么整个方案看上去就非常不稳重。

有些同学喜欢模板的样式，但是不喜欢模板的颜色，想调整颜色，但是又不知道如何下手。这种情况下，可以使用配色网站的功能，让你的PPT主次分明，色调和谐。

对于商业计划书这样具有理性分析内容的文案，不建议初学者使用饱和度和明度过高的颜色，会显得不稳重。

配色是一门学问，同学们要努力揣摩掌握。

字体选择

Word里那些色彩绚烂、造型独特的字体不要用于PPT中，PPT文案尽量用简单的字体，比如微软雅黑。太夸张的艺术字不适合用于商务展示。

PPT里不要出现超过三种字体，最好只用一种，便于统一管理。主标题、次标题、主内容全部统一字体，统一字号。比如，你的主标题都用30号，次标题都用20号，主内容都用18号。这样层次感才会强，抓人眼球。

慎用PPT自带的艺术字体，什么发光字体、阴影，等等这些不要乱用，如果掌握不好，会让整个画面看起来很低劣。

图片选择

图片选择，忌用像素低、有水印的图片，还有非主流的图片。有很多高清大图网站、图片素材网站和图表类网站，需要的时候可以去这里面找配图。当然，要注意图片的版权，必要时付费购买版权，以免带来不必要的风险。

在商业计划书中呈现的产品图，最好由设计师或者产品设计人员进行精加工之后来配合呈现产品。这样做的主要的目的，就是让商业计划书的读者看到一个完整的、有画面感、真实感的产品。

选择好图片之后，还要掌握图片剪裁的功能，统一图片尺寸，同一个画面里，图片要整齐排列，把该对齐的部分对齐，不要大大小小随便乱放。

数据可视

当我们有数据要展示的时候,不要直接把Excel表格粘贴过来,而是要做成和PPT颜色风格统一的饼状图、折线图、柱状图等来展示,这样看起来美观、大气、上档次。

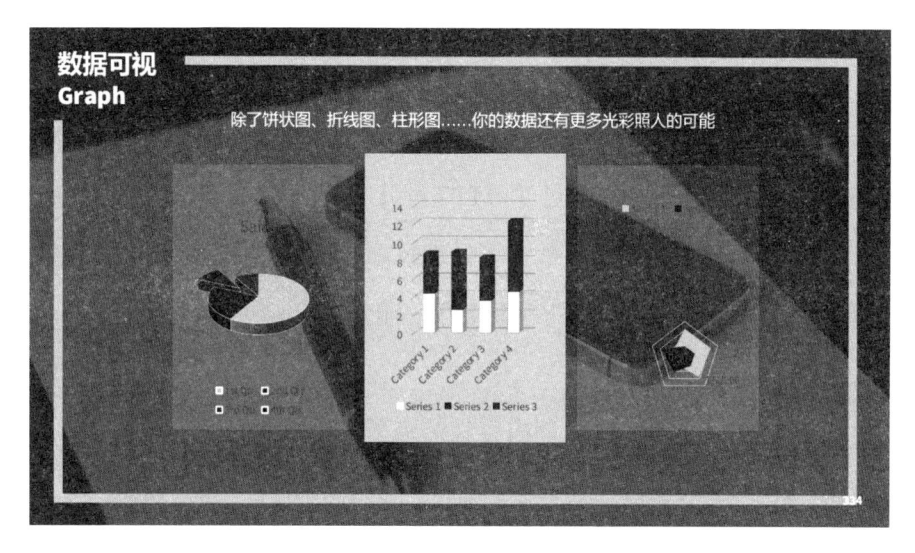

图18-5 数据图和PPT颜色风格一致

还有很多同学犯懒,网上找的数据图不进行二次编辑就直接贴过来,数据图的颜色和PPT风格都不一样,多丑啊。对于网上找的统计图,要进行二次加工,调整成与商业计划书PPT风格一致。

对于投资人而言,你的商业计划书是他对你建立第一印象的关键,也是你们建立投资信任关系的基础。要想做出具有冲击力的PPT,就要有极致要求,千万不要犯懒,各个环节都要做到尽善尽美。

作业

结合第3课所学的4W2H框架，将你的创业项目制作出一份精美的商业计划书PPT文案。

总结

本章内容我们学写了提案型PPT和演讲型PPT的区别，对两种PPT的呈现场景做了区分，还通过学习PPT设计的8个核心要素，学习了PPT设计的排版、配色、图片、数据等处理技巧，帮我们打造一份制作精美的商业计划书，给投资方留下深刻的第一印象。

好了，到这里本书的全部内容就结束了，相信你们已经掌握了商业计划书写作的核心技巧，赶紧动手制作一份精美的商业计划书吧。

后记 / 关于商业道德

商业道德是每个商场中人绕不开的话题，我们都需要对它有深刻理解。下面通过一个案例，为大家阐述商业道德的重要性。

一个公司的产品是一款软件，主要的功能就是从短视频平台上下载别人的视频，通过对视频进行抽帧（就是截取一些画面，替换成自己的画面），把自己的产品视频片段插入别人的视频来躲避平台算法，解决了客户不会拍视频，但是想做短视频生意的问题。

我想问一下大家，你觉得这种生意有市场吗？大家可以思考10秒钟。没错，这种生意有市场，但是，它违背了商业道德。

大家再思考一个问题，如果你将这样一份商业计划书摆在投资人面前，你觉得投资人会感兴趣吗？答案一定是不会。

它虽然是一门很有潜力的生意，解决了很多商家不会拍短视频的问题，但它严重侵害了创作者的视频版权，违反了法律，触碰了商场的底线。

这个项目背离了价值投资的原理！

在本书的最后，我要特意讲讲商业道德，为什么要遵守商业道德，以及这和写商业计划书有什么直接关系。

首先，商业道德问题会发生在哪些客体的关系中？公司、客户、合作伙伴、员工，这四者的关系中都可能产生商业道德问题。

抄袭其他公司，欺瞒客户，侵害合作伙伴利益，甚至迫害员工，这些商业道德上的问题并不鲜见。在约束层面，我们国家有法律来约束，如《反不正当竞争法》《反垄断法》等，是为了制止不正当竞争行为、预防和制止垄断行为；《著作权法》《专利法》《商标法》等是为了确认和保护知识产权；《消费者权益保护法》《产品质量法》等是为了保护消费者的合法权益。

道德约束的范畴和法律制约的范畴，并没有完全重合，还有一片空间在法律制约以外道德约束以内，这也是很多创业者挖空心思寻找的生存空间。就像我前面举的那个例子，它就是在这个范畴，只要被侵权的人联合起来维权，基本上这家企业就没有办法生存了。

法律是道德的底线，这个底线，一定不能破；道德是法律的约束，我们做买卖也要遵守商业道德。

为什么要了解商业道德呢？在竞争激烈、瞬息万变的市场经济中，利润关系到每一个企业的命运，因此，有的经营者为了追求利润，不把经营事业的目光放在"永续经营"上，而着眼于"短线操作"，为了实现利润的最大化，不惜采取各种非法途径去达到目的：假冒仿制、欺诈行骗、商业贿赂、行业垄断，等等，犹如商海里的一股浊流，扰乱了市场秩序，也使企业掉入火坑，走向灭亡。

我们要注意两个关键词——"永续经营"和"短线操作"。

"永续经营"理解起来就是我们的创业项目能够持续经营下去，在企业长期发展中源源不断产生利润。

"短线操作",基本上就是我们俗称的"割韭菜"。"韭菜"这个词,常用来形容盲目投资炒股的股民,他们炒股的时候,基本面、技术面都不去研究,追涨杀跌,追求短期投机收益,在股票上亏损卖出后,过段时间看到股票涨了又买入,结果买在高点,后期股票又下跌,再亏损卖出,就像韭菜一样,割掉一茬又长出一茬。"割韭菜"就被广泛应用在类似场景中。

知识付费领域也存在类似"割韭菜"的行为,这里我想和大家交流的是,知识付费领域"割韭菜"的这种行为,实际上蕴含着另外一个意思,就是没有做好交付,体现的是对学生不负责任的行为:你爱学不学,反正你花了钱了,学不会也和我没关系,我不管你了。这种行为我们也可以理解为"割韭菜"。

我相信还是有很多老师对学生非常负责任的,能够给每一位学生满意交付结果。那这样的老师,我们能说他是在"割韭菜"吗?于情于理也说不过去吧。

我们接下来看看到底什么是商业道德。

商业道德是职业道德的一种,商业道德从分析商业的本质、商务活动的前期行为入手,为人们提供了判断商务活动是否符合道德规范的行为准则。

我国古代就形成了一些经商准则,如合义取利、价实量足等。当代社会中,商业道德的基本内容是:为客户服务、对客户负责、文明经商,礼貌待客;遵纪守法,货真价实;买卖公平,诚实无欺等。这是对商业道德最基本的要求,但是它并不是商业道德的上限。在这里有些同学就可能有疑惑了：这和你有什么关系呢？

商业道德与本书读者、我的客户、我的同事都有直接的关系。

和读者的关系：版权保护。本书前面专门介绍过知识产权，我们的所有原创内容都受到知识产权保护，未经允许的情况下，禁止抄袭、盗版，如果出现侵权行为，作者也会追究法律责任。

和客户的关系：保密责任。如果你们未来能够加入立业星球的接单团队，我希望大家在撰写商业计划书前、中、后期为客户的商业机密保密，没有得到客户同意的情况下，不能私下传播。

和同事的关系：勤勉责任。"勤勉"的意思就是尽职尽责，就是我们写商业计划书的时候，要对投资人负责，对商业计划书所陈述的内容负责，不得出现不真实陈述甚至隐瞒和欺骗的行为。这是每一个创业者在撰写商业计划书的时候都需要有的商业道德。

到此，本书的内容就全部结束了，希望大家通过学习商业计划书的全部内容，能够从容面对创业的艰难问题，对自己负责同时也对投资人负责。希望大家能够创业成功，融资成功，作出一个有价值、有发展前景的创业项目。